JN105955

肌のカサつき・シワ・毛穴が消せる!

1日1分「頭蓋骨ほぐし」

松永 みち子

PHP

はじめに

私は、鍼灸師になるために学んだ東洋医学の知識を生かし、長年、美容の仕事に携わってきました。

東洋医学では、骨や筋肉、神経、血液、そして内臓などが一体となって、私たちの体を有機的に構成していると考えます。全身は緊密なネットワークで有機的につながっているため、たとえば内臓の病気を治療するときも、患部をピンポイントで診るのではなく体全体を診ていきます。

その際に重視するのがツボで、お灸や鍼《はり》などで刺激して治療にあたります。そうすることで、「経絡《けいらく》」という、全身をめぐるエネルギーの通り道の流れをよくするのが狙いです。

私が取り組んでいるのは、この経絡に注目した美容法です。

経絡に沿って多く存在するツボ、とりわけ頭部のツボを刺激することで、加齢によって硬くなり、ゆがんでしまった頭蓋骨を整えていく。1日1分の「頭蓋骨ほぐし」を続けることで、気になる顔の変化、肌のゆるみやくすみ、シワやシミ、毛穴などの改善を目指すものです。

1日にたった1分だけで？　と驚かれるかもしれません。けれど、80歳を超えた方が3カ月間毎日続けられた結果、ほうれい線が目立たなくなり、肌のゆるみやたるみも改善されました。

若い方より時間がかかるかもしれませんが、何歳になっても効果はあらわれるのです。もう歳だから、とあきらめる必要なんてないのです。


普段は意識しない頭の形の変化、頭蓋骨のゆがみが、ただ加齢のせいだと思っていた肌の悩みの原因であること。頭のゆがみを整えるとどうなるのか。その仕組みと改善方法などを、本書ではご紹介しています。

1日1分、頭蓋骨をほぐし、ゆがみを整える。

ぜひ本書を参考にして、毎日の習慣として続けてみてください。わずか1分のことですが、続けるのとやらないのとでは、5年後10年後、いいえ3カ月後のあなたが、きっと違っているはずですから。

松永みち子

肌のカサつき・シワ・毛穴が消せる！ 1日1分「頭蓋骨ほぐし」もくじ

第1章 その原因は「頭蓋骨」のゆがみかも

頭蓋骨がゆがむ?!

「ゆがみ」改善のヒミツ

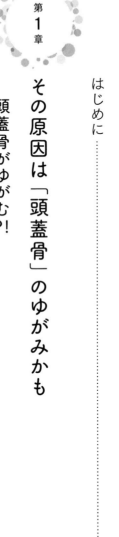

第2章 頭蓋骨のゆがみを整えましょう

第3章 「頭蓋骨ほぐし」ってこんなにスゴい！

第4章

やってみよう！　毎日1分「頭蓋骨ほぐし」

第5章

「頭蓋骨ほぐし」で美肌・美顔から健康へ

第1章

その原因は「頭蓋骨」のゆがみかも

頭蓋骨がゆがむ?!

✦加齢とともに顔の形が変わる理由

友人や家族と出掛けると、あちこちで写真を撮りますね。みんなが携帯電話やスマートフォンを持っているから、その機会もグンと増えました。そうして自分で撮ったりSNSに送られてきたりした写真を見て、「私ってこんな顔だったかしら?」と思ったことはありませんか。

毎日、何度となく鏡で自分の顔を見ているときには気づかない、「なんだか違う」という違和感。もちろん、シワが増えたとか、肌がたるんできたとか、髪の生え際が薄くなったとか、鏡を見るたびに気になることはたくさんあります。

でも、鏡に映った顔を見ていても意外に気づかないのが、顔の形の変化です。それはたぶん、シワやシミ、たるみなどの「部分」に気をとられて、頭まで含めた顔全体をしっかりと見ることができていないから。「私ってこんな顔だったかしら？」と思ったら、それは、知らない間に顔の形が変わってきているということなのです。

顔の形の変化は、ただ皮膚がゆるんだりたるんだりして、下がってきているだけではありません。コリや緊張などで筋肉が硬く変形してくると、それに引っ張られるようにして頭蓋骨もゆがむのではないかといわれています。

肩こりや、スマートフォンやタブレット端末の長時間使用による目の疲れ、歯を悪くしたことによる口内のトラブル、姿勢の悪さも一因となります。また、いつも同じ側の腕でバッグを持っていたり、同じ姿勢で作業をおこなっていたりする、長年のクセによるものも考えられます。

若いときは筋肉の力（筋力）がありますから、それほど気にならないものも、歳を重ねるほど筋力が弱まり、正しい位置におさまる力も弱くなっていきます。そうして、コリや長年のクセなどでゆがんだ頭蓋骨に筋肉が沿うようになると、シワやたるみがあらわれるようになるのです。

つまり、顔の形が変化する最大の要因は、頭蓋骨のゆがみにあるのです。

✦知っておきたい「頭蓋骨」のこと

「頭蓋骨って、大切な脳を守る役目があるのだから丈夫なんじゃないの？」

そんなふうに思いがちですよね。でも頭蓋骨も、体を構成しているほかの骨格と同じ。加齢に伴う不調やトラブルなどの影響を受けないということはないのです。

頭蓋骨というのは、たとえば一体成形された1つの骨、というものではありません。じつは23個ものパーツが組み合わさって構成され、つなぎ目で力が分散されるようになっており、もともと柔軟性をもっています。

大まかには次の4つに分けることができます。

・前頭骨（頭の前の部分、額のあたり）
・頭頂骨（頭のてっぺん、左右一対）
・側頭骨（頭の両側面、耳の上から後ろのあたり、左右一対）
・後頭骨（後頭部、頭の後ろ部分）

横から見た図

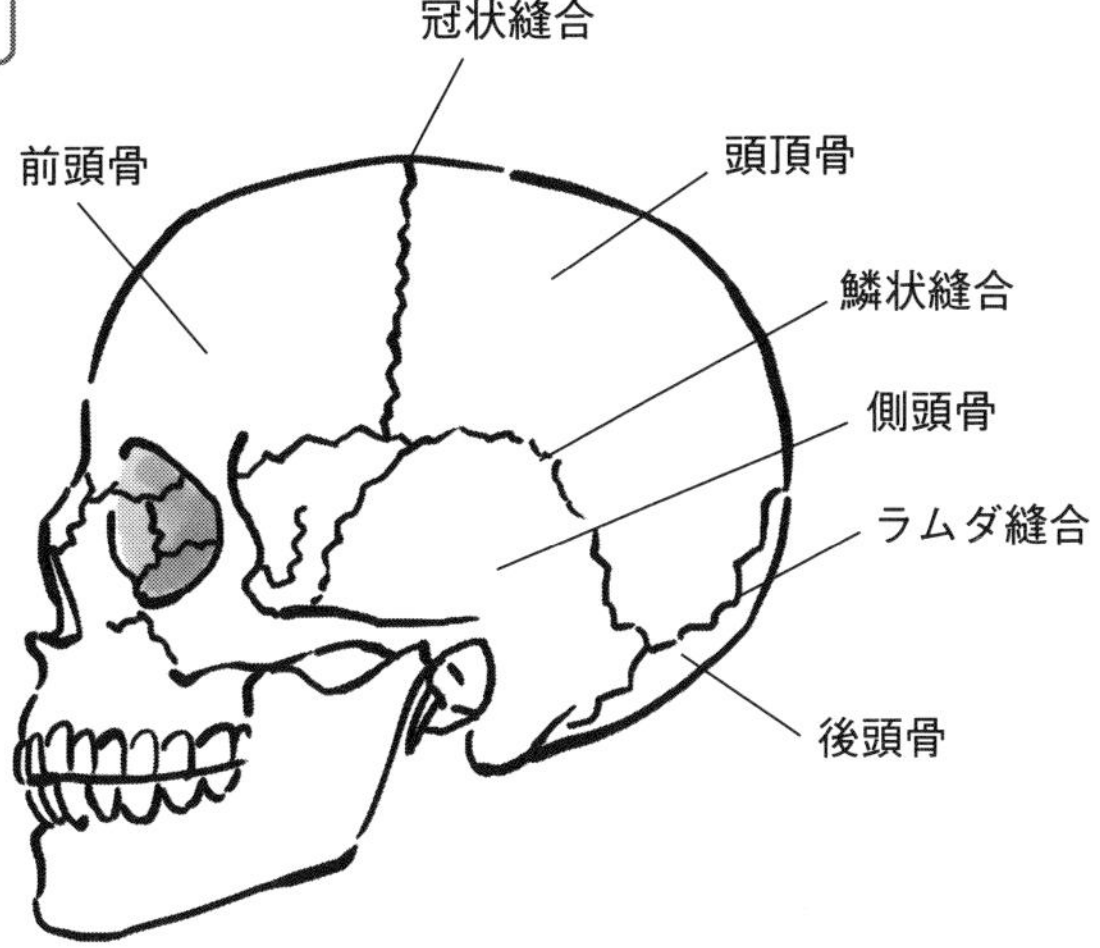

上から見た図

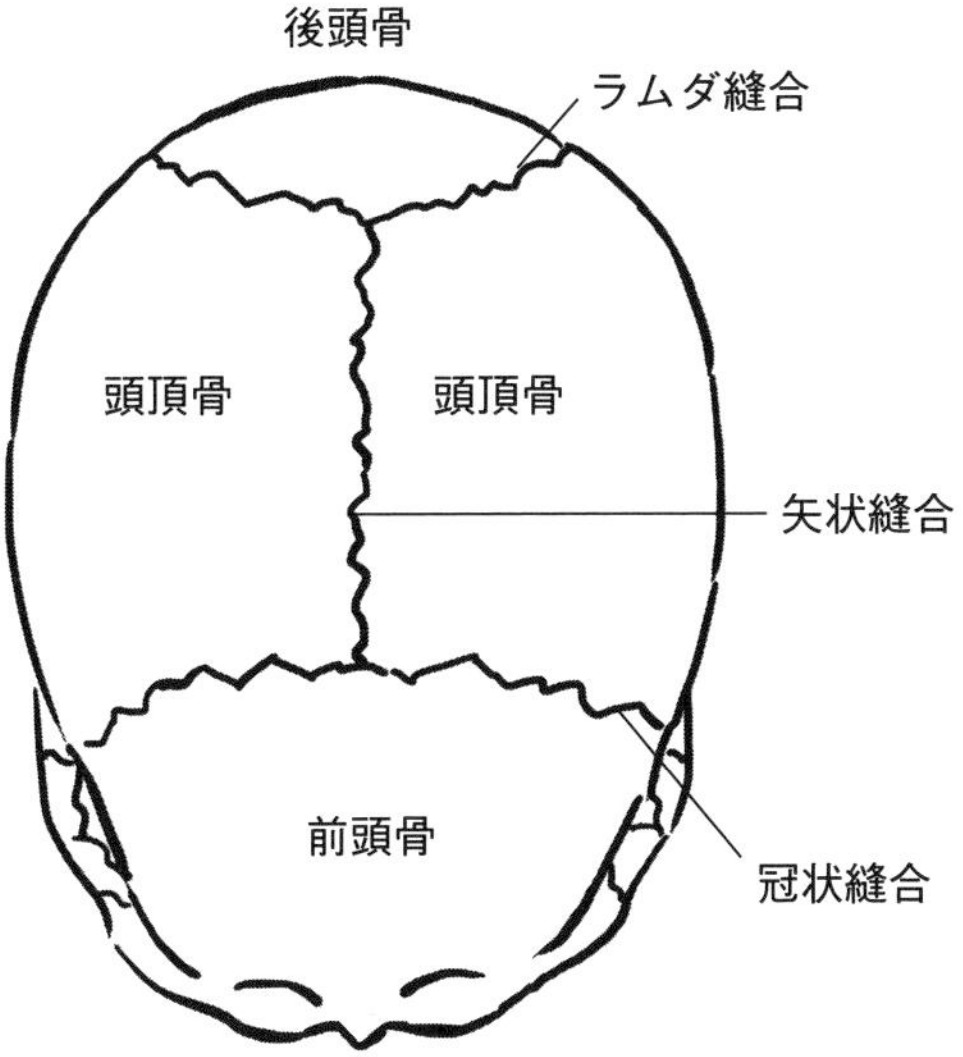

それぞれの骨の間が成長に伴って縫合されていき、やがて癒着して前ページの図のような姿になるのです。この、骨と骨のつなぎ目は、それぞれ次のように呼ばれます。

・冠状縫合（前頭骨と頭頂骨をつなぐ）
・矢状《しじょう》縫合（左右の頭頂骨をつなぐ）
・ラムダ縫合（頭頂骨と後頭骨をつなぐ）
・鱗状縫合（頭頂骨と側頭骨をつなぐ）

このように、もともと別々の骨だったものがつなぎ合わさってできているのが、頭蓋骨。ですから、このつなぎ目部分がズレたりゆがんだりしてしまうことがあるのです。その原因は加齢のほか、過剰なストレスによる場合もあるとされています。

こうした頭蓋骨のゆがみと、筋肉の質と力の低下がもたらすのは、皮膚のたるみやゆるみ、容貌の変化といった美容面だけではありません。心身の健康面にも不調をもたらすことがあるのです。

✦筋力や骨密度が低下すると、頭蓋骨が老化する？

加齢による変化（老化）というのは、生きているかぎり体のあちこちにあらわれます。

目尻のシワやほうれい線、シミやくすみ、開いた毛穴、ゆるんだフェイスライン、肌全体のたるみ……。鏡を見るたび気になる肌の老化と、それによる容貌の変化に、頭蓋骨のゆがみが関係していることは先にお話ししましたね。

コリや緊張によって柔軟性を失った筋肉に引っ張られて、頭蓋骨のつなぎ目がズレたりゆがんだりするという考え方です。

たとえば、背骨が変形して、腰が曲がったり背中が丸くなったりします。関節の軟骨がすり減ることで関節の形が変わり、痛くなったり動かしにくくなったりすることもあります。

そうした場合の多くは加齢によるもので、骨を支えたり動かしたりするのに必要な筋力の低下や、筋肉量の減少、つまり筋肉の老化が大きく関わっています。それと同じことが、頭蓋骨にも起こるのです。

もうひとつ、肌の老化、筋肉の老化と同じように、骨の老化についても見逃せません。何もしなければ少しずつ進んでいく、骨密度の低下です。

とくに女性の場合、閉経後の女性ホルモンの分泌低下もあり、年齢が上がるにつれて骨粗しょう症と診断される人の割合が増えていくのはご存知でしょう。60代では3人に1人、70代以上になると半数以上に見られるといいますから、女性にとっては気になるところです。

頭蓋骨も、ほかの骨と同様、私たちの体を構成する骨格の一部ですから、加齢とともに骨量が低下していきます。その結果、頭蓋骨が縮む、あるいは痩せてゆがみ、変形していきます。

骨の老化、筋肉の老化、肌の老化がそれぞれ相互に作用し合って、頭蓋骨をゆがませ、顔の形を変える。そして頭蓋骨がゆがむことで、肌の老化がいっそう進んでしまう。この悪循環は、しっかり断ち切りたいものですね。

✦「ゆがみ」を整えて老け見え顔を改善！

お年寄りには、側頭部の少し上のほう、ハチと呼ばれている部分が横に出っ張ったようになっている人が多く見られます。若いときにはきれいな弧を描いていた頭頂部が、ひしゃげたような形になってくる。ギュッと下に引っ張られたようになっているのです。

側頭骨や後頭骨には筋肉が直接ついているので、コリや緊張で筋肉が張ると、頭蓋骨も一緒に引っ張られてしまいます。筋肉はつながっているので、肩がこったり重いものを持ったりすることで、頭蓋骨にまで負荷がかかるのです。

その結果、耳の周辺にシワが刻まれることになります。

また、眉と目の間が開いている人も多く、眉のところの骨がボコッと出た感じになってきます。よく、歳をとると目のまわりがくぼむといいますよね。同じ現象です。

目のくぼみの部分、頭蓋骨には眼窩《がんか》という穴があいています。骨量が減ることによって骨が縮み、この眼窩の下の部分が下がってきてしまうのです。同時に頬骨の位置も下がります。

若い頃なら目立たなかった、眉のところの骨が目立ってくる頃になると、頬骨のあたりのたるみが気になるようになります。頬も下がってくるので、ほうれい線も目につくようになる。

つまり、中身（骨）が小さくなったことで皮膚が余り、また加齢によって筋肉量や脂肪が減ったことで、余った皮膚がたるんでしまいます。そして顔は、一気に老けた印象になってしまうのです。

とても気になる状態ですが、私は皮膚だけがたるんだりゆるんだりしているのではないという点に注目することで、しっかり改善していけると考えます。骨盤や背骨を正常な状態に戻すことで体のゆがみを直すように、頭蓋骨のゆがみも調整できるのです。


本書では、ゆがんでしまった頭蓋骨を本来の位置に戻して、筋肉や肌の状態も改善するマッサージ法をお教えしています。「全身は有機的につながっている」という東洋医学の考えのもと、頭部をマッサージすることで、体の緊張をやわらげ、コりをとるのが狙いです。

シワやたるみなど気になる部分に直接働きかけるのではなく、その原因となっている頭蓋骨のゆがみを整え、ゆがみのもとになっている体の不調を改善させていく。そうすることで、肌の老化だけでなく体全体の調子が整い、快適な日々につながればと思います。

「ゆがみ」改善のヒミツ

全身が有機的につながっているという東洋医学の考え方

東洋医学と聞いて皆さんが思い浮かべるのは、漢方薬や鍼灸、ツボといった言葉でしょうか。

中国で生まれた東洋医学は、細胞や臓器はすべてつながっていると考えます。鍼灸師になるために東洋医学を学ぶ過程で、私は人間の体がもつ精細で機能的な神経の働きと、その緊密なネットワークを知って驚きました。

西洋医学が、体の悪い部分に直接アプローチして治療するのに対し、東洋医学では、体の内側から根本的に治すために外側に刺激を与えます。これは、全身が有機的なネットワークでつながっているからできることです。

たしかに、ある臓器が病気にかかって治療するとき、その臓器に対象を絞った対症療法をおこなうのはとても効率的です。けれど私たちの体は、臓器がそれぞれ単独で機能しているわけではありません。臓器はあくまでも体の一部であって、体を構成する要素のひとつです。

それに、もしかしたら病気や不調の原因は、ほかのところに隠れているかもしれません。

私たちの体は、互いに関係し合って成り立っているということを知れば、老け見え顔の原因であるシワやシミ、たるみなどを改善するのも、直接的な対症療法では十分ではないのかもしれません。

骨、筋肉、神経、血液、肝臓・心臓・腎臓などの臓器、もちろん皮膚も。これらが一体となって私たちの体を構成しています。

「木を見て森を見ず」という言葉のように、部分だけを見ていては全体を知ることはできません。体全体を診る東洋医学にもとづいたマッサージなら、肌の不調や老化のもととなっている部分に作用します。つながりを正して、ネットワークが正常に働くようにする。それが基本的な考え方です。

✦ＷＨＯも認める東洋医学の有効性

東洋医学に対して、「根拠がないのでは？」とか「民間療法のような迷信では？」などといった疑問を感じる方も多いでしょう。西洋医学のような明快さとは異なり、まだ解明されていない点も多くあることも事実です。

けれど、二千年以上の歴史があるだけではなく臨床経験も積み重ねてきた東洋医学は、ＷＨＯ（世界保健機関）でも鍼灸による治療の有効性が報告されています。ツボについては、全身に３６１あることも認められています。

さらに２０１８年には、ＷＨＯが定める「国際疾病分類」に、伝統医学として初めて東洋医学が加えられました。

ＷＨＯのお墨つきを得た東洋医学は、「体全体を診る」ことの重要性が高まっているとの証しでもあり、医療だけではなく、美容やスポーツ、福祉など多彩な分野で注目されています。

✦経絡と経穴（ツボ）がポイント

「ツボ」は知っていても、「経絡」というのはあまり聞いたことがない言葉ですよね。けれど経絡は、東洋医学にとって非常に重要なポイントです。

東洋医学では、「気（生命エネルギー）」「血（血液）」「水（リンパ液などの体液）」の3つの要素が人間の生命活動を支えていると考えられています。そして経絡は、この3つをとどこおりなく全身に循環させるための道筋として、長いレールのように私たちの全身をめぐっています。いわば生体エネルギーの通り道、生命のエネルギーラインなのです。

この経絡上で気がたまり、とどこおりやすい場所のことを「経穴《けいけつ》」といいます。これはツボのことです。鍼や灸、マッサージなどによって気のとどこおりを解消することで、経絡や、経絡が関連する臓腑などの働きを整えていきます。

経絡には「正経十二経脈」と呼ばれる12本の経絡と、「奇経八脈」と呼ばれる8本の経絡があります。そのライン上にツボをもっているのは「正経十二経脈」の12

主な経絡

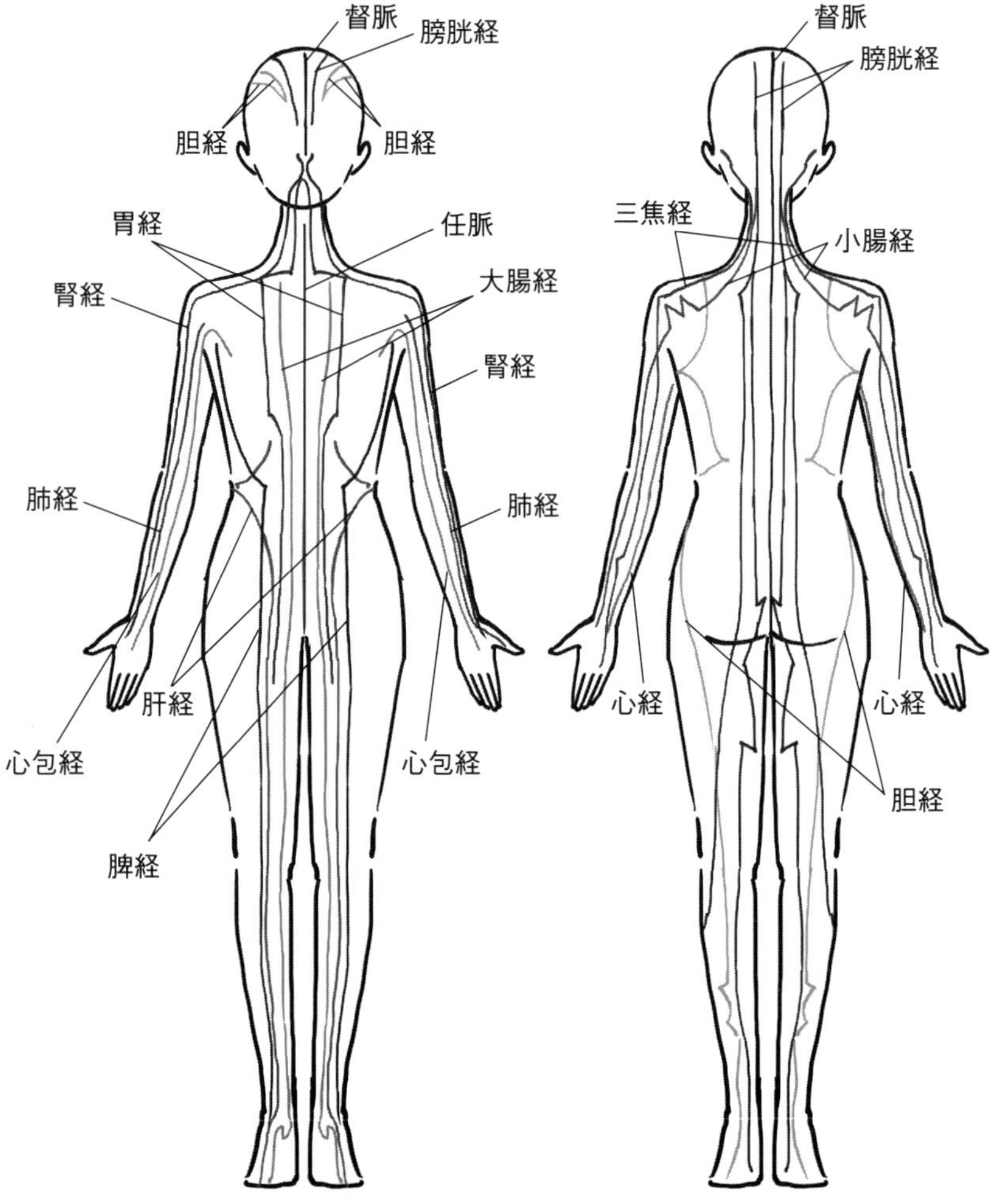
督脈
膀胱経
胆経
胆経
胃経
任脈
腎経
大腸経
腎経
肺経
肺経
肝経
心包経
心包経
脾経
督脈
膀胱経
三焦経
小腸経
心経
心経
胆経

本と、「奇経八脈」のうち「督脈《とくみゃく》」と「任脈《にんみゃく》」の2本の、合わせて14本。そのうち、「正経十二経脈」の中の6本と「督脈」「任脈」の、合計8本が頭部に関係しています。

つまり、頭部にはたくさんのツボが集中しているということでもあるのです。

ちなみに、体の中心を通る「督脈」「任脈」以外の経絡は、体の左右に1本ずつ流れています。

✦「頭蓋骨ほぐし」に作用する8本の経絡

頭部や顔につながる8本の経絡には、どんな働きと美容効果を期待できるのか、ひとつひとつ見ていきます。

◆大腸経

腕や肩、さらに口角の近くを通って作用し、消化器などの機能を整える働きをします。この経絡がとどこおっている人が正常に流れるようになると、

・ほうれい線が目立たなくなる

頭部にある主な
経絡と経穴

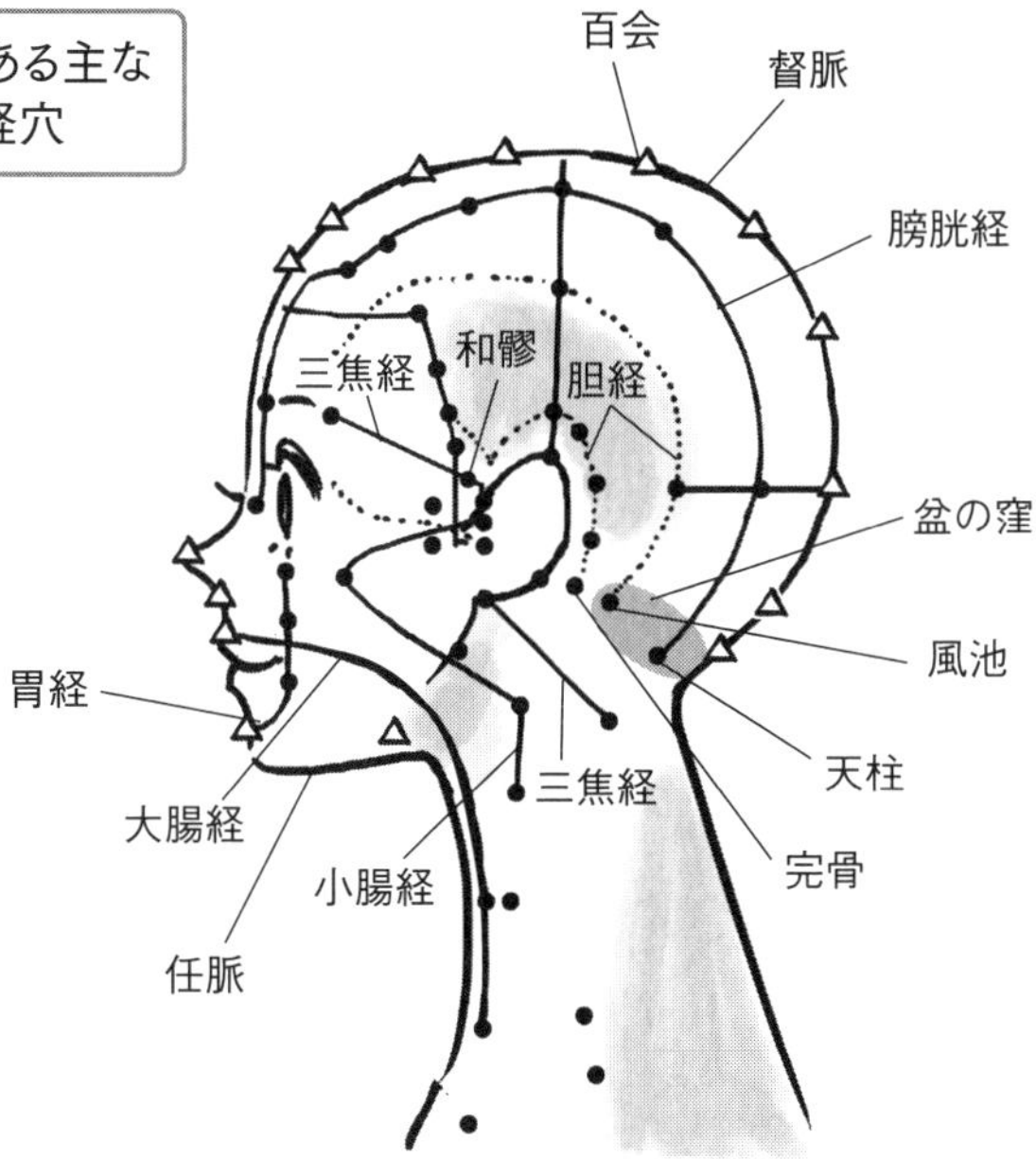

・口角が上がり、あごまわりがすっきりする
・おなかまわりがすっきりする
などの変化が見られるようになります。

◆小腸経

手のひらから腕、肩甲骨まわりを通って作用します。消化や腸管の機能を整える働きをする経絡で、とどこおりが解消されると、
・あごのラインがシャープになる
・肩まわりが華奢になり、後ろから見た二の腕が細くなる
・ヒップラインがすっきりする
などの変化が期待できます。

◆三焦経

手の甲から肩、目のまわりを通る経絡。機能としては臓腑各部の機能とホルモンバランスを整える働きが見られます。この経絡のとどこおりが解消されることで、

・眉尻が上がり、目尻のシワが解消
・顔の側面がシャープに引き上がる
・首のまわりがすっきりする

といった変化が期待できます。

◆胃経

体前面の足から頬まわりを通って作用する経絡。胃腸などの消化機能を整えるほか、食欲をコントロールする機能ももちます。とどこおりが解消して正常に流れるようになると、

・頬骨が上がり、シャープな表情になる
・太ももの外側がほっそりする

・O脚・X脚が改善する
・ウエストラインがすっきりする
・足の甲高が改善する
など数々の変化が期待できます。

◆膀胱経
目頭から後頭部・体背面の全体を通り、足の指までつながっている、最も長い経絡。あらゆる臓器の機能と水分代謝を整える働きをします。この経絡が正常に流れるようになると、
・顔全体のリフトアップ
・ヒップアップ
・スレンダーで、バランスのとれたまっすぐな脚になる
などの変化が期待できます。

◆胆経

顔側面から脚側面、足の指までを通って作用する経絡です。機能としては胆のう、泌尿器・生殖器系の機能を整えるほか、脂肪代謝を促す働きをします。この経絡のとどこおりが解消されると、

・目尻が上がり、フェイスラインが引き締まる
・小顔になる

などの変化があらわれるようになります。

◆督脈、任脈

督脈と任脈は、どちらも体の中心部を通って延びる経絡です。

督脈は、尾骨から背中の真ん中を通って後頭部へ続き、頭頂部から顔前面の口周辺までつながっています。

一方の任脈は、下腹部からおなか、胸といった体前面の真ん中を通って口、目までつながります。

体の前面中心を走るラインが任脈、背面中心を走るのが督脈というわけです。

この2本のエネルギーラインは各臓器に関係しており、またどちらも、ライン上には多くのツボが存在しています。

✦体の内側全体に働きかける「経絡」マッサージ

東洋医学では、外からの刺激によって、内臓や体の機能を向上させるというのが、基本的な考え方です。

外から刺激するのは、おもに経穴（ツボ）です。ツボは、体のあちこちに点在するほか、経絡というエネルギーラインに沿って多く存在します。このツボを鍼やお灸、指圧などで刺激することによって、気の乱れを整え、体の不調を取り除いていくのです。

ツボへの刺激は、経絡を通って脳へ伝わり、脳から再び経絡を通って臓器や患部へ伝達されていきます。経絡は、神経の通り道でもあるのです。また、頭や耳、顔など脳に近いところにあるツボは、刺激が伝わりやすいために効果が高いとされています。

経絡が正常に動くよう、とどこおりなく流れるよう、ツボを押したりマッサージしたりするわけですが、このとき、私たちの体はコリや緊張がほぐれてきたと体感することができます。経絡そのものは目に見えませんが、血流がよくなり、コリがほぐれたことは感覚として知ることができるのです。

ツボを刺激すれば、筋肉の緊張がほぐれ、血液やリンパ液の流れがスムーズになり、有機的につながっている体全体の調子が整います。血行が促進されることで新陳代謝が高まり、細胞の再生能力や自然治癒力も高まっていきます。これが、気になる肌の悩み改善につながる作用なのです。

本書でお教えする「頭蓋骨ほぐし」は、ツボが集中する経絡を刺激してコリをほぐし、ゆがみを整えるもの。鍼灸療法の延長線上にあるものといえます。経絡に働きかけて体の機能を活性化させ、それによって美容にもよい効果をみちびく、いわば「経絡美容」なのです。

コラム

頭皮をさわってみましょう 硬い頭皮は不調のサイン

脳を守る頭蓋骨。その頭蓋骨を包み込む、頭皮。脳と頭蓋骨を内包する頭皮は、じつは、体調の良し悪しを教えてくれる大切な部位でもあるのです。

体調がよくないとき、その人の頭皮はとても硬く、ゴツゴツとした感じです。まるで頭蓋骨に張り付いているように薄く感じることもあります。また、むくみでフワフワしている場合もあります。頭皮をさわってみて、感触がよくなかったり、硬かったりする人は、体調不良である場合が多いのです。

「さわってみても硬いのかどうか、よくわからない」。でも、顔のお肌ならどうですか？　硬くカサついてメイクののりが悪いお肌と、みずみずしく柔らかいお肌の違いならわかるでしょう？　それは毎日見てさわっているから。頭皮も同じです。毎日、「頭蓋骨ほぐし」を続けることで、頭皮の変化にも気づくようになるはず。

日々のマッサージは、頭部の血行を促します。自律神経に作用するツボを刺激することで自律神経も整います。中高年の女性に多い、自律神経の乱れに伴う体調不良のもとを正すことができれば、頭皮の感触も柔らかく変わっていきます。また頭部の筋肉もほぐれ、代謝も上がるので、ダイエットにもよい効果が期待できそうですね。

第2章

頭蓋骨のゆがみを整えましょう

顔と頭の筋肉はつながっている

✦頭にもある筋肉、その働きとは

泣いたり笑ったり怒ったり……。さまざまな表情をつくるのは、筋肉の仕事です。顔にはたくさんの表情筋があって、これらが動くことによって、じつに感情豊かな表情が生まれるのです。

「顔は柔軟に動くから筋肉があるのはわかるけど、頭は硬くて動かないでしょ？」

「頭部に筋肉って必要なの？」

そんなふうに思われがちですが、頭にも筋肉はあります。そしてそれは、頭部を動かすためというより、表情筋など顔の筋肉を支え、動かすことが重要な役割のひとつです。

体の筋肉は多くの場合、骨と骨とをつないで体の動きをコントロールしますが、

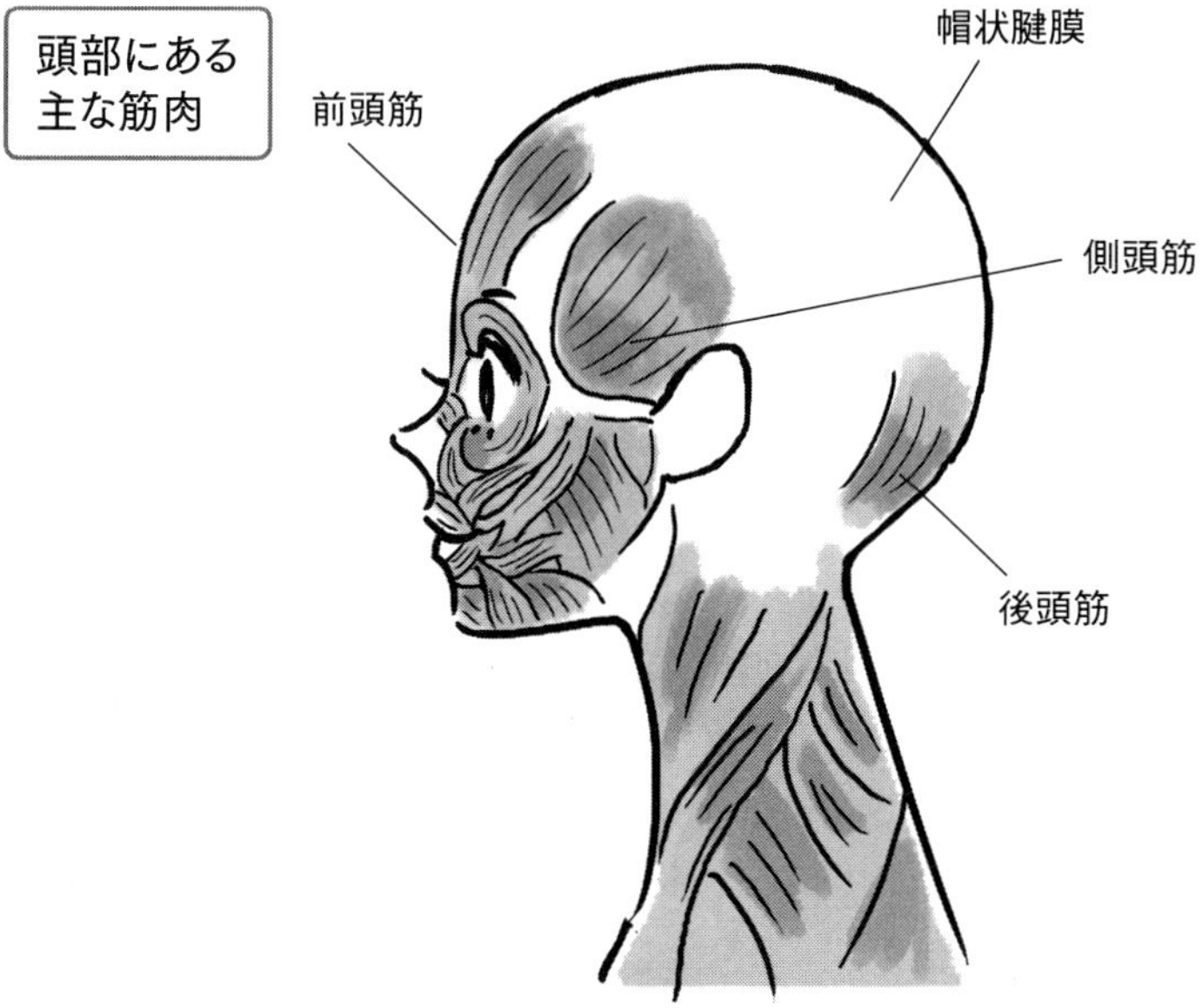

顔や頭部にある筋肉の多くは骨と皮膚につながっています。なかでも頭部にあるのは頭蓋骨を覆うような形の薄い筋肉で、大きく3つに分かれます。

◆前頭筋

眉のあたりから額上部にかけて延びている筋肉。眉や目の筋肉とつながっており、これが収縮することで眉や上まぶたが動きます。筋力が弱まったり硬くなったりして柔軟性を失うと、額の横ジワの原因に。

◆後頭筋

後頭部の下のほう、えり足のあたりにあります。帽状腱膜《ぼうじょうけんまく》によって前頭筋とつながっており、顔全体を後ろに引っ張り、リフトアップしてくれる筋肉です。この働きが悪くなると顔全体がたるみ、フェイスラインがゆるんだ印象に。

◆側頭筋

こめかみから耳の上あたりにある筋肉。頬や口元の筋肉とつながっているので、ここがうまく働かなくなると、口角が下がったりほうれい線が出てきます。頬がゆるんで顔が大きく見えることも。

また側頭筋は目にもつながっているので、目の血流が悪くなって眼精疲労などの原因になることもあります。

さらに、筋肉ではありませんが、前頭部から頭頂部を経て後頭部へ広がる帽状腱膜も重要な存在。前頭筋、後頭筋、側頭筋をつなぐ役割をもっています。

◆帽状腱膜

頭頂部を覆いながら前頭筋、後頭筋、側頭筋とつながり、それぞれの力や作用のバランスを保っています。ここがこり固まると、ほかの筋肉の働きにも悪影響が出てきます。

加齢や緊張、コリなどにより硬くなって柔軟性が減少すると、前頭筋や後頭筋などに引っ張られて薄くなります。血行も悪くなります。頭頂部には筋肉がなく、毛細血管も少ないので、血行が悪くなると毛根の細胞に栄養が行き渡らず、ヘアサイクルの乱れにもつながります。

頭の筋肉は帽状腱膜を介してつながり、顔の筋肉とも互いに関わり合っています。フェイスラインのゆるみやたるみ、シワやくすみといった顔の老化には、頭部の筋肉が深く関わっていることがわかります。

✦頭の筋肉が硬くなる原因

筋肉が硬くなり柔軟性を失っていく原因は、いくつか挙げることができます。

ひとつは、加齢による筋肉量の減少と、それによる筋力の低下です。高齢になり運動量が減ると、筋力はさらに低下します。体のほかの筋肉は量が減り力が弱くなっていくのに、頭部の筋肉だけがその筋線維の数も若いときのまま変わらないなどということはありえません。頭の筋肉も同じであると考えられます。

筋肉量の減少、筋力の低下は、筋肉の萎縮につながります。萎縮するとどうなるでしょうか。硬く柔軟性を失うことになり、同時に、引っ張ったり支えたりする力も弱くなっていきます。頭の筋肉においても同じことが起こります。

加齢だけではありません。普段の暮らしの中から生じる筋肉のコリや緊張も原因になると考えられます。肩こりや目の疲れのほか、無意識のうちに奥歯を噛みしめていたり、食事のときに同じ側の歯ばかりで食べ物を噛むなどのクセ、姿勢の悪さといった生活習慣など。バッグをいつも同じ側の肩にかけたり、重い荷物を同じ側の手で持ったりということもありますね。これらはすべて、筋肉を緊張させる原因です。

側頭部や後頭部は、肩こりの原因とされる僧帽筋《そうぼうきん》や肩甲骨まわり、首ともつながっています。そのため、肩や首まわりに生じたコリや緊張は頭部の筋肉にも伝わっていきます。

また、ストレスも大きな要因になります。ストレスによって睡眠が浅くなると、体の疲労がどんどん蓄積されます。その蓄積された疲労が筋肉に負担をかけ、緊張状態やこわばりを引き起こします。

さらにストレスは脳の機能にも悪影響を及ぼします。脳機能が正しく働かなくなり、筋肉などに身体機能を制御する指令を出してしまうのです。

こうしたコリや緊張、ストレスが長年積み重なることで、気づかないうちに、頭の筋肉は硬くなって柔軟性を失い、顔の筋肉や皮膚を引っ張ったり支えたりする力を失っていきます。また、ほかの筋肉に引っ張られたり、重力にしたがって下垂したりして、本来あるべき位置からズレていきます。すると筋肉がくっついている頭蓋骨も一緒に引っ張られていき、頭蓋骨の形がゆがんでいくのです。

第1章で少し触れた、骨量減少による骨の力の低下も頭蓋骨のゆがみを引き起こしている原因のひとつです。

「頭のゆがみ」の原因であるコリや緊張をほぐし、筋肉や頭蓋骨を本来あるべき位置に戻し、働きを取り戻すよう促すのが、第4章でご紹介するマッサージ法です。

頭部にはツボが集中しています。頭部をめぐる経絡に沿ってマッサージすることでツボを刺激し、経絡の流れをよくしてあげる。それによって、肌の改善を促すのですが、続けていけば肩や背中のコリ、目の疲れなども改善されていくはずです。私たちの体は、生命のエネルギーラインである経絡を通じて有機的につながっているのですから、当然ですよね。

耳のシワは頭蓋骨がズレているサイン

✦意外に知らない、耳のストレス

意外と知られていないのですが、私たちの耳は日々、思いのほか多くのストレスを受けています。

たとえば、耳の前のところに顎《がく》関節があります。噛み合わせのところですね。ものを食べるときについつい同じ側の歯ばかりで噛んでしまうクセがあったり、歯医者さんで治療中だったり、お年寄りなら入れ歯を使っている人も多いでしょう。顎関節のすぐ近くにある耳は、こうしたことによって、想像以上に負荷がかかっているのです。

さらに、携帯電話やスマートフォンの普及によって、耳が受ける電磁波の影響も大きくなりました。

耳にぴったりと電磁機器を押しつけるわけですから、耳は電磁波をまともに受けているのです。その影響は未知数で、解明されていないことも多いのですが、「耳の周辺がボーッとする」「耳が聞こえにくくなった」という声を耳にすることが増えたように思います。

こうした耳へのストレスや負荷は、耳の穴と頭蓋骨とのズレを生じさせることがあります。

歳をとるとだんだんと耳の聞こえが悪くなりますね。このとき、耳の穴のズレが生じている場合が多いのです。側頭部の筋肉がこり固まって働きが悪くなり、顔の筋肉や皮膚を引っ張る力が弱まります。また加齢とともに筋肉は下垂していくので、さらに耳の穴がズレる。

お年寄りの耳のあたりをよく見てもらうと、耳の前や下のあたりにシワが寄っているのがわかります。これは、位置がズレているのです。そしてこのとき、頭蓋骨にもゆがみが生じているはずです。

若い方はもちろん、お年寄りであっても、きちんとメンテナンスをすればこうしたズレやゆがみは改善できます。耳のストレスを取り除くことでズレやゆがみを直し、本来あるべき位置に戻すのが、経絡マッサージなのです。

経絡マッサージで耳のストレスを取り除く

耳のストレスは、側頭部をマッサージすることで解消できるとされています。耳のまわりにはたくさんのツボがありますし、神経や血管、リンパ腺など、あらゆるルートを通じて脳とつながっています。また、経絡を通じて全身がつながり合っていることは先にお話ししましたね。

耳が受けるストレスは耳だけではなく、頭全体や脳にも影響があるので、けっして軽視してはいけません。

具体的なマッサージの仕方は第4章でご紹介しますが、一例として、下がってきた耳の穴の位置を上げる＝正しい位置に戻す方法についてご紹介しましょう。

下がってきた耳を持ち上げるといっても、耳だけを上げても効果はありません。側頭部の、耳の下から首へつながる筋肉を伸ばすようにして、上に持ち上げるようにします。このとき、耳の穴のところの骨と頭蓋骨を一緒に持ち上げるようにすることで、耳下の筋肉が引っ張られます。

ストレッチをするときのように、グーッと伸ばしていきます。強く引っ張る必要はありません。気持ちがよい範囲でゆっくりと伸ばしましょう。

耳の位置が上がると頬からあごのまわりも引っ張られて、あごのたるみが取れます。フェイスラインにシャープ感も出てきます。もちろん整形ではないので、一気に大きな変化があるわけではありません。けれど、ゆるみやたるみの引き締めとともに目の位置（高さ）が変わるなど、すっきりとした表情になるのを実感していただけるのではないかと思います。

このとき、顎関節のあたりのゆがみも取れます。あごが軽くなって、口を開けたり食べ物を噛んだりするのがとてもラクになるという、うれしいオマケも期待できそうです。

耳の位置を正す

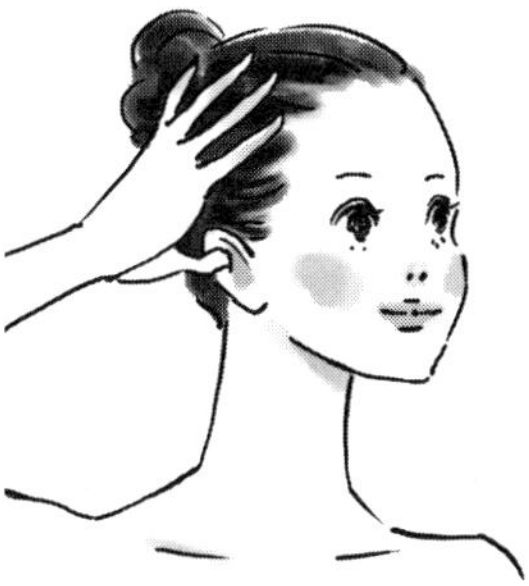

1

耳に親指を入れ、他の指を側頭部にあてる。

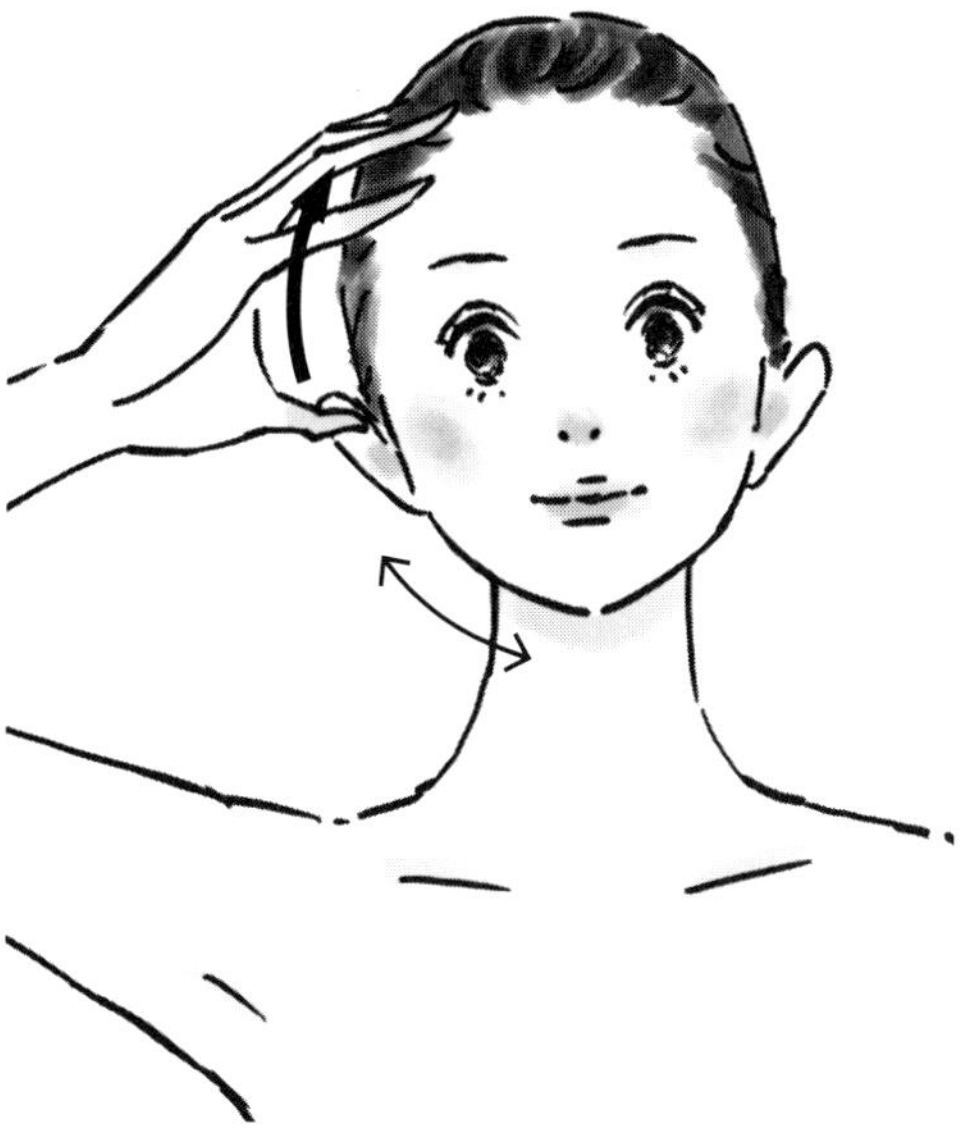

2

頭蓋骨ごと引き上げるように意識して、耳を持ち上げながら、鼻からゆっくりと息を吸う。引き上げた状態で口から息を吐く。

3回くりかえす　★反対側も同様に

← 引っ張る方向
↔ 伸びているところ

✦耳の不調が改善されると、体もイキイキ

耳へのストレスは側頭筋をこり固まらせ、頭蓋骨をゆがませるだけでなく、胃腸にも不調をもたらします。

頭部までつながる経絡のうち、胃経と小腸経は、胃と腸を通って耳の上まで走っています。つまり、耳のあたりにストレスがかかって経絡の働きが悪くなると、胃腸の調子が悪くなるというわけです。

逆に、胃腸の調子が悪いと、耳に悪影響が出ることもあるのです。

このように、東洋医学では、胃腸と耳は深くつながっていることが証明されています。ですから、側頭部をマッサージして耳にかかるストレスを改善すると、フェイスラインのゆるみやシワが改善されるばかりか、胃腸の調子もよくなります。

また、側頭部をマッサージすることで胃腸の血行がよくなると、気持ちが落ち着いて、日々の暮らしにハリが出てきます。食事をおいしくいただけて、消化吸収もよくなれば、吹き出物などの肌悩みの改善にもつながりそうですね。

第3章

「頭蓋骨ほぐし」って
こんなにスゴい！

血行改善がきれいのキホン

✦まずは経絡のとどこおりをなくすこと

「気（生命エネルギー）」「血（血液）」「水（リンパ液などの体液）」。東洋医学では、この3つの要素が人間の生命活動を支えていると考えます。そしてこの3要素は、経絡という、人間の体に張りめぐらされた長いレールのような道筋を通って全身を循環しています。

一方で、経絡の周囲にはツボ（経穴）が集中して存在していることが知られています。とくに頭にはたくさんのツボがあり、ツボの宝庫とさえ呼ばれるほどです。

本書でご紹介する「頭蓋骨ほぐし」では、頭部の経絡に沿ってマッサージすることでツボを刺激し、経絡の流れをよくします。すると、頭蓋骨と顔をつなぐ筋肉のコリがほぐれます。

なぜでしょうか。

それは、経絡のとどこおりが解消されて、「気」「血」「水」がスムーズに流れるようになるから。血液やリンパ液などがよく流れるということは、つまり血行がよくなるということでもあります。

血行がよくなって筋肉にも栄養分が十分行き渡ることで筋肉は柔軟性を取り戻し、側頭筋や前頭筋など頭部の筋肉も本来の働きを取り戻します。頭蓋骨のゆがみも矯正されていきます。

その結果、しっかりと顔が引き上がって、老け見えの大きな原因である頬や上まぶた、フェイスラインのたるみやゆるみが改善されていくのです。

また血行がよくなることで新陳代謝が高まり、細胞の再生能力や自然治癒力も向上していきます。シミやくすみ、毛穴の開きなど、気になる肌の悩みの改善にも期待が高まりますね。

ツボを刺激して経絡の流れをよくすることで、頭蓋骨、筋肉、肌、それぞれの働きを正常に戻していく。まずは「頭蓋骨ほぐし」で、「血行がよくなったかな?」と実感してください。

✦きれいにつながる肌の変化

頭蓋骨と皮膚のズレを正すのは、正常な働きを取り戻した筋肉です。ストレスや負荷から解き放たれて柔軟性を取り戻した筋肉は、頭蓋骨や皮膚も、本来あるべき位置に戻し、保とうとするようになります。

皮膚のたるみやゆるみ、シワなどは、ズレることで生まれますから、これらの改善も期待できます。「頭蓋骨ほぐし」をすることで期待される肌の変化、顔の悩み解消にはどんなものがあるのか、見ていきましょう。

◆フェイスラインのゆるみ

「加齢とともに、重力にしたがって下がり気味になっていく皮膚。頬の下垂は仕方がないのかしら」。そんなふうにあきらめる必要はありません。経絡マッサージによって頭部の筋肉が本来の力を取り戻して、頭蓋骨と顔をあるべき形につなぐようになれば、頬全体がしっかりリフトアップされます。フェイスラインがシャープになると、小顔効果も期待できます。

◆あご周辺のたるみ

あごのたるみや二重あごは、加齢や体型変化だけが原因ではありません。うつむいた姿勢が続いたり猫背だったりするのも、要因のひとつ。後頭筋や帽状腱膜がしっかり働くと顔全体を後ろから引っ張る力が生まれるので、顔を引き上げ、あごのたるみを改善。口角も上がって明るく若々しい表情に。

◆ほうれい線

老け見え顔をつくる大きな要因がほうれい線。年齢とともに気にする方が増えていく要素のひとつです。頬のたるみや下垂がおもな原因なので、側頭筋をマッサージすることでしっかり改善。同時に目尻のシワがとれたり、口角アップ、また噛み合わせの改善なども期待できます。

◆額の横ジワ

額にくっきりと刻まれた横ジワ。若い頃なら前髪でカバーできたけれど、年齢を重ねると額を出すヘアスタイルが多くなりますし、髪の毛自体も薄くなってしまいがち。隠すのではなく、シワを消したり薄くなるよう改善しましょう。

前頭部から後頭部にかけての筋肉がしっかり働き、頭蓋骨のゆがみが改善されれば、額の皮膚もきちんとリフトアップできます。

◆目元のたるみ

頭蓋骨の、目に当たる部分を眼窩といいますが、ここが加齢とともに痩せて下がってくると、それにつれて皮膚も下がります。このときに筋肉がきちんと作用していると、必要以上に下がることはないはずです。下がった皮膚は目元のたるみの原因で、目尻の小ジワや額の横ジワにもつながります。目元がくぼんだ印象も強まって、老け見え顔の大きな要因のひとつになります。

筋肉を柔軟に働かせて、頭蓋骨と皮膚をあるべき位置に保持できるようになれば、目元のたるみが解消されるとともに、目尻がキュッと上がったシャープな表情も目指せます。

◆顔全体のむくみ

経絡のとどこおりは、体のむくみの原因のひとつです。顔のむくみも同じこと。「気」とともに「血」「水」をよく流し、水分をとどこおらせることなく全身をめぐらせることで、むくみを解消します。

顔全体のむくみが取れれば目鼻立ちがはっきりし、顔色も明るくなり、すっきりとした印象になります。

◆毛穴の開き

筋肉に引っ張られると、ゆるんだ皮膚の毛穴はさらに広がってしまうのではないか。そんなふうに心配する声を聞くことがあります。

実際に「頭蓋骨ほぐし」をしてみるとわかるのですが、「引っ張られ感」を感じます。このとき、じつは毛穴は締まるのです。

大切なのは、開いた毛穴を締める力。筋肉と同じように、肌も血行がよくなることによって再生能力が高まり、本来の力を取り戻します。引き締める力も戻ってくるので、続けるうちに毛穴が目立たなくなっていきます。

◆美白

経絡のとどこおりが解消し、血流がよくなると、美白にもつながります。

血流がよくなると赤くなると思われがちですが、これは間違い。たとえば「赤ら顔」は、頬のあたりで血流が滞留することで起こるものです。血流がよくなると、白くなります。

血流がよくなると白くなることを簡単に実感できる方法があります。手の甲をもう一方の手のひらでこすったあと、両方の手の甲を比べてみてください。こすられた手のほうが白くなっているのがわかります。

◆うるおい肌・美肌

肌は通常、約6週間かけて生まれ変わりますが、経絡にとどこおりが生じると、新しい細胞をつくることができず、肌代謝のサイクルが乱れてしまいます。

経絡のとどこおりが解消し、血流がよくなれば肌の細胞に新鮮な酸素と栄養が行き渡り、肌の代謝が促されます。肌代謝のサイクルが整うことで、肌がうるおい、吹き出物やシミなどの改善も期待できます。

◆首のゆがみ

重い頭を支える首が本来の位置からズレていると、体を縦に貫く背骨に負荷がかかり、支える筋肉の負担が増します。その結果、体の左右のバランスなどが崩れ、目の位置や大きさ、頬のたるみなど、顔の左右がアンバランスになってしまう場合も。

督脈と任脈以外の経絡は体の左右に走っており、両方を同じようにマッサージすることで左右のバランスが整います。また、体の背面中心を走る督脈をマッサージすることでも、首のゆがみを整えることができます。

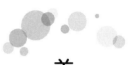

美容にも健康にも好影響

✦血液やリンパ液の流れがよくなると……

経絡に沿ってマッサージすることで、ツボを刺激して経絡をとどこおりなく流れるようにする。そうすることで筋肉が柔軟性を取り戻し、頭蓋骨のゆがみも整っていく。その結果、さらに全体の血行がよくなっていきます。

経絡というエネルギーラインのとどこおりを解消できれば、血液やリンパ液の流れもスムーズになるのです。

さて、血行がよくなれば新陳代謝も高まります。新陳代謝が高まると、私たちの体にはうれしい影響がいくつも生まれます。

◆細胞の再生能力が高まる

そのひとつが、細胞の再生能力が高まること。こり固まっていた頭の筋肉がほぐれ、再び正常に働きはじめるのは、筋肉が生まれ変わっていくから。じつは、筋肉が生まれ変わるスピードはとても速いのです。骨や関節が生まれ変わるのに年単位の時間が必要なのに対し、筋肉のタンパク質は数カ月ですべてが入れ替わるとされています。

マッサージを受けて生まれ変わった筋肉は、筋量が増え、筋力も増していきます。そうして活発に活動するようになればさらに血行がよくなって経絡ラインをめぐり、体全体に好影響をもたらすのです。

◆免疫力アップが期待できる

新陳代謝が高まると免疫力アップにもつながります。さらに後頭部には、免疫系に作用するツボがたくさん集まっています。

加齢とともに体の不調は増えていくものです。血行をよくして代謝を増やし、免疫力を高めることで、病気を予防することができますし、悪化を防ぐこともできます。

血流がよくなると自己治癒力アップも期待できるので、健康維持の習慣に、ぜひ「頭蓋骨ほぐし」も加えていただきたいと思います。

◆老廃物の排出を促進

新陳代謝が高まると老廃物の排出も促されますね。この状態でスキンケアをしましょう。血流がよくなった状態、筋肉が所定の位置に戻った状態でスキンケアをおこなうと、効果を実感できます。新陳代謝が高まっているので、化粧水や美容液の浸透もよくなるわけです。

今まで使っていた化粧水と同じなのに、グンと効果がアップしたように感じるかもしれませんよ。

ちなみに、マッサージは、メイクを落とした状態でおこなうようにしてくださいね。

✦頭蓋骨の中の「脳」にもよい影響？

さて、頭蓋骨の中には脳がおさめられていますが、この脳には、私たちをすべてコントロールしている中枢《ちゅうすう》神経が入っています。中枢神経は、体のすみずみまで網の目のように張りめぐらされた末梢《まっしょう》神経とつながって、全身に指令を出すコントロールタワーのような存在です。

中枢神経は脳と脊髄《せきずい》からなっており、脳は頭蓋骨、脊髄は脊柱《せきちゅう》（背骨）という丈夫な骨で守られています。

ところが、この大切な中枢神経が入っている「器」がゆがんでいたら、どうなるでしょう。「守る」という働きを十分果たせるでしょうか。

脳を守るべき器がゆがんでいたら、その中に影響がないわけはないと思います。つまり、コントロールシステムに、何らかの影響を及ぼしているのではないでしょうか。

そもそも頭蓋骨にゆがみが出ると、首にシワができたり、たるみが出たりします。肩が厚く硬くなって盛り上がっているようだと、心臓から流れている血流にも負荷がかかります。

第4章でご紹介する基本のマッサージをするだけでも、肩が軽くなったなと実感していただけると思います。血流の状態もよくなっているということです。

片側ずつマッサージするのですが、片側をマッサージしてから腕を上げてみると、肩が軽くなっているはずです。逆に言えば、軽い状態になっていないと、やり方がうまくできていないということにもなります。

肩が軽い状態になるということは、当然、肩周辺の筋肉の状態が戻ってきているということ。コントロールシステムの状態が、きちんと正常に動きはじめているということなのです。

「脳のトレーニング」と呼ばれるものはいろいろありますが、脳を直接マッサージするわけではありません。血流をよくしたり、リンパ液の流れをよくしたりといった状態を、物理的な刺激によってつくり出すというのが、その方法でしょう。

ですから本書でご紹介する、経絡に作用して頭蓋骨をほぐすマッサージは、脳のトレーニングをしているという形にもなっています。全身に指令を出すコントロールシステムにも、よい影響を与えているといえそうです。

1日1分「頭蓋骨ほぐし」

✦1日1分でOK。気づいたときにやってみる

「たった1分のマッサージで、ほんとうに効果はあるの？」

そんなふうに疑問を感じるのは当然です。けれど、1分間マッサージすれば、ある程度の調整はできるのです。

本書でご紹介する基本のマッサージは、3ステップ。それを左右でおこないます。つまり1ステップだと、わずか10秒。

それでも正しい経絡ラインをマッサージできれば、緊張がほぐれて血行がよくなり、血液のめぐりとともに顔の引き締まり感を実感していただけるのではないでしょうか。もちろん、そこには個人差があります。

ただし、最初は、1回やったからといって効果が一日中保たれるのかといえば、

それはなかなか難しいものです。若い方なら、朝、マッサージした効果が夕方まで続く方も、中にはいらっしゃいます。

加齢とともに筋肉も歳をとります。何もしないでいると、筋肉の量は減り、筋力もどんどん低下していきます。「頭蓋骨ほぐし」は、経絡に作用して頭蓋骨のゆがみを整えるマッサージです。そこでは筋肉が重要な働きをしています。若い方の筋肉と比べて、老化した筋肉では、働き方に差が出て当然ですよね。

けれど、やらないよりは、やったほうが絶対にいいのです。

ですから私は、1日1分のマッサージを毎日続けることをおすすめします。そして続けることができれば、絶対に効果は出てきます。

毎日決まった時間におこなうのでもいいし、気がついたときに1分マッサージしてみるというのでもいいのです。毎日の習慣になっていくといいですね。

✦気軽で手軽だから、ぜひ毎日！

「頭蓋骨ほぐし」には、とくに事前の準備は必要ありません。時間が空いたら、ふと気がむいたら、いつでもおこなえる手軽さもおすすめポイントのひとつです。

1分で終わるマッサージというのは、たとえばテレビを見ているとき、CMの間におこなうとちょうどいいかもしれません。

家事の合間とか、お休み前などにおこなうのもいいですね。


だんだん慣れてくると、1分よりも長くおこないたくなるかもしれません。そんなときには、少し時間を空けるようにしてください。

午前中におこなったのであれば、次は午後や夕方近くにマッサージするなど、時間をおいておこないます。


気軽で手軽で、簡単。誰でも、毎日取り組めるよう、わかりやすくてすぐにできるマッサージになっています。

またマッサージしたときに、「あ、変わったかも！」「やった!!」という感覚を得られることを大切にしています。

けれど、経絡という体のネットワークに作用するマッサージですから、無理は禁物です。マッサージをおこなう際の注意点はあとでお話ししますが、あくまでも「過ぎたるはなお及ばざるがごとし」です。

✦「鼻呼吸」で効果アップ

マッサージやストレッチをおこなう際、呼吸法が重要な役割をすることはよく知られています。

私がおすすめするのは、鼻で呼吸する方法です。

ストレスが多い生活を送っていると、気づかないうちに、口を開けた状態で呼吸する「口呼吸」をしてしまいがちです。けれど口で呼吸するのは、とても無防備。空気中にただよっているホコリや雑菌、ウイルスなどが、のどから消化器系を通って、簡単に体内に侵入してしまうからです。

一方「鼻呼吸」なら、狭く湿っていて、鼻毛もある鼻の穴の中を通るため、異物が遮断されやすいのです。

また鼻から吸い込んだ空気は、そのまま鼻の奥から顔全体、頭全体に流れていくのを感じることができるでしょう。

鼻呼吸の重要なポイントは、最初に呼気を「鼻から出す」ことからはじめることです。肺の中の空気をまず排出することになりますから、そのぶん、次により多くの新鮮な空気を取り込むことができます。

呼吸は脳にとってとても重要なものです。新鮮な空気をたっぷりと供給することで血流がよくなり、脳の働きは活発化します。そのためにも、「頭蓋骨ほぐし」をするときには鼻呼吸を心がけてください。

「頭蓋骨ほぐし」と呼吸法との相乗効果で余計な力が抜けて、リラックス感も高まります。

頭と頭皮のストレッチ感覚で毎日続ける

✦まさに頭の筋肉のストレッチ

「頭蓋骨ほぐし」では、頭部をもみほぐすことはしません。経絡沿いのツボを刺激するように、筋肉を引っ張りながらツボを押すとイメージしていただければいいと思います。

筋肉を伸ばして柔軟性を高めるのがストレッチの目的ですから、「頭蓋骨ほぐし」はまさに頭の筋肉のストレッチ、東洋医学のメソッドにもとづいたストレッチです。

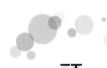

指圧のように押すだけではストレッチにはなりません。

引っ張って伸ばすことで筋肉がほぐれ、緊張やコリがなくなり、血流が増します。しなやかさと柔軟性が生まれて、本来の働きができるようになります。骨を支えたり体を動かしたりする力がアップして、健やかな日常を送ることができるようになります。

こう考えていくと、ストレッチと、「頭蓋骨ほぐし」とは、目指すところが同じと言えるかもしれませんね。

マッサージをしてただ血流を促すというのではなく、筋肉を引っ張り上げるようにストレッチ感覚でおこなうことになるので、頭部の筋肉は鍛えられていきます。毎日トレーニングしていけば、当然、筋力は上がっていきます。

そして筋力を増し、柔軟性を取り戻した筋肉の状態を維持していく。

日々、健康維持のためにストレッチをしている方は多いと思います。同じように「頭蓋骨ほぐし」も、美容と健康維持のためのストレッチとして毎日続けていってほしいと思います。

✦本来の位置と働きの大切さ

加齢などにより、頭部の筋肉が硬くこってしまったために引っ張る力が弱くなって、頭蓋骨と皮膚とのズレが生まれる。頭の形がゆがんで、顔の印象も老いを感じさせるものになってしまう。

でも、こり固まった筋肉が柔軟性を取り戻すことで、あきらめていたシワやたるみやくすみが改善されるなら、頑張ってみようかなという気持ちにもなりますよね。

ポイントとなるのは、筋肉を本来あるべき位置に戻すこと。もちろん一朝一夕にはできないかもしれません。

でも、毎日続けていれば、筋力は上がっていきます。筋線維も入れ替わっていきます。ツボを刺激してトレーニングすることで、筋肉量も増えていくはずです。

「頭蓋骨ほぐし」をはじめたばかりの頃は、効果があらわれても、なかなか長く保持できないかもしれません。けれど、筋肉をあるべき位置へと、毎日引っ張ってやれば、やがて筋肉は本来あるべき位置を覚えていってくれます。そうなれば本来の働きができるようになって、頭のゆがみも整っていく。

そうして筋肉がしっかりと本来の位置におさまるようになったら、維持するためにも毎日続けていきましょう。頭がゆがまないよう、本来の形に整える習慣にもなりますね。

✦その効果は年齢を問いません

以前、80歳を過ぎた方から、「肌のたるみやほうれい線が気になって仕方がないのだけれど、なんとかなりませんか?」と相談されたことがありました。そのとき、本書でご紹介している基本の3ステップによく似たストレッチ法をお教えしました。側頭筋を引っ張り上げる方法です。

テレビを見ながらでいいので、毎日続けてくださいね。そうお話ししました。

3カ月ほどたって再びお目にかかったとき、ほんとうにびっくりしました。お教えした私がびっくりするのも変なのですが。

ほうれい線が目立たなくなっていて、顔全体がすっきり明るい印象だったのです。

80歳を超えて筋肉の力は弱くなっていますし、若い方と比べると時間はかかるけれど、続けていれば確実に肌の状態は戻るのです。

何歳までなら効果があるとか、もう歳だから効果が出ない、なんていうことはないのです。年齢には関係なく、生きている間は再生能力はあるのだということを再確認しました。

お年を召した方でも気軽にできるよう、簡単で手軽なマッサージ法です。毎日続けることで効果は確実に出てくるのだと、確信しています。

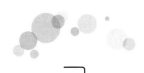

「頭蓋骨ほぐし」をはじめる前に

✦無理なく続けるための注意点

「頭蓋骨ほぐし」は、高齢の方にも手軽にはじめていただけるよう、簡単でわかりやすい方法になっています。

けれど体力や体質には個人差がありますし、肌の調子や状態、気になるポイントなども千差万別です。毎日きちんとマッサージを続ける人や、ときどき、それこそ気づいたときにだけする人など、頻度も人それぞれです。

でも、だからこそ、必ず守っていただきたいことがあります。

最も重要なことは「無理をしない」ことです。

無理せず、楽しく、細く長く続けていっていただくことが大切です。そのための注意ポイントを次に挙げています。

「頭蓋骨ほぐし」をはじめる前に、ここだけは必ず読むようにしてくださいね。

◆血圧が高い人はご注意を

最も注意しなければならないのが、血圧の問題です。

「頭蓋骨ほぐし」をおこなうと、血流がよくなります。血のめぐりがよくなることは、本来はもちろん悪いことではありません。先にお話ししたように、よいことがたくさんあります。

けれど高血圧の方にとっては少し事情が違います。とくに脳梗塞を経験された方などは、血流がよくなって頭のほうに血液が行きすぎると危険な場合があるのです。

なんとなく頭がボーッとしたり顔が火照ってきたりしたら、太ももの外側、大腿《だいたい》四頭筋《しとうきん》があるあたりをたたいてください。こうすることで、頭に上がってしまった血流を下ろすのです。しばらくたたいていると、自然に血流が戻っていきます。3回ぐらいたたくと、脚があたたかくなりますよ。

それでも落ち着かない場合は、必ず「頭蓋骨ほぐし」をやめてください。

そして血圧の高い方はあらかじめ、かかりつけのお医者さまによくご相談なさってください。

◆1分より長く、続けておこなわない

少し効果を実感できるようになると、1分よりも長く続けたくなるかもしれません。けれどけっして「自分は大丈夫」と思わないで、1分以内で終わるようにしましょう。とくに最初は気をつけながらおこなってください。

真面目な人ほど張り切ってやりすぎてしまい、かえってトラブルやアクシデントにつながることがありますからご注意を。

どうしてもたくさんやりたい場合には必ず時間を空けてください。続けておこなわないことが肝心です。

◆必ず片側ずつおこなう

左右両側を同時におこなうと、首の筋肉やリンパ腺が伸びません。「頭蓋骨ほぐし」は頭の筋肉のストレッチなので、片側ずつおこなって、しっかり伸ばすようにしてください。

また、両腕を上げるという動作もつらいものです。

ですから片側ずつおこない、1分がほどよい長さなのだと思います。

◆痛いと思うほど力を入れない

ストレッチや筋トレなどでもよく聞く話ですが、痛いと感じるほど伸ばしたり引っ張ったりしないと効かないと考える人は、案外多いそうです。じつは、それは逆効果。効果があらわれないばかりか、筋肉を痛めてしまうことにもつながりかねません。

ストレッチの基本は、気持ちいいと感じることです。「頭蓋骨ほぐし」でも、気持ちいいと感じるポイントを、痛くない程度の力で押すようにしてください。

◆無理せず体力に合わせて

「頭蓋骨ほぐし」は1セット1分におさまりますから、体力がもたないということはないと思います。けれど当然、個人差があります。とくに高齢の方の場合、腕を10秒上げて力を入れる、という動作をつらいと思う方もいらっしゃるかもしれません。

高血圧の方でなくても、血流がよくなることで、少ししんどいなと感じる方もいらっしゃることでしょう。

ですからけっして無理をせず、自分のできる範囲でおこなうようにしてください。

コラム

心身ともにイキイキ若々しく「セロトニン」の力

脳内で働くたくさんの物質のひとつに、セロトニンと呼ばれる神経伝達物質があります。「精神の安定物質」などと呼ばれることもあるように、感情や気分のコントロール、精神の安定に深く関わる物質です。

その分泌には女性ホルモンが影響しており、加齢などにより女性ホルモンの分泌が減ると、セロトニンも同じように減少してしまうのです。精神状態が不安定になる、やる気が起きない、寝つきが悪くなるなど更年期障害に多く見られる症状も、セロトニン不足が関係しているとか。

これほど重要な脳内物質セロトニン。じつは「頭蓋骨ほぐし」によって分泌を促進することができます。頭部の筋肉をストレッチすることで「気持ちいい」と感じると脳内がリラックスし、セロトニンの神経系が活性化されるという仕組みです。

セロトニン効果で気持ちが安定すると、健康な日々につながります。年齢を重ねても、心身ともに元気で気持ちのよい毎日が実現可能。美肌や美顔だけでなく表情そのものから、イキイキ若々しくなっていきましょう。

第4章

やってみよう！
毎日1分「頭蓋骨ほぐし」

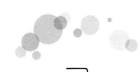

「頭蓋骨ほぐし」を習慣化しよう

✦成果が見えると続けられる

たった1分でも毎日続けるとなれば、難しくなるものです。続けるコツは記録すること。まずは「頭蓋骨ほぐし」をはじめる前にスマートフォンや携帯電話などで自分の顔を撮影しておきましょう。さらに82ページで紹介する「頭蓋骨のゆがみをチェック」で頭蓋骨の状態をきちんと把握しておきます。

そして「頭蓋骨ほぐし」実践です。まずは基本ステップ1〜3を片側だけおこなってみてください。おこなった片側だけ変化があらわれていませんか？　頬を両手で覆うと手におさまる感覚が左右で異なるのがわかると思います。顔の輪郭がシャープになっている、目が大きくなっているなどすぐに効果が実感できます。効果がわかるともっとやりたくなりますね。反対側もていねいにおこないます。

基本ステップが終わったら、再度、顔を撮影し、施術前後を見比べてみましょう。どうでしょうか？　顔だけでなく、頭がすっきりしている、肩こりが軽減しているなどうれしい効果があらわれていれば正しくできている証拠です。

通常、おこなう場合は各ステップごと左右交互にバランスよくおこなうようにしてください。

ただ、前述したとおり、効果は持続性に欠けます。毎日継続しておこなうことで、徐々に持続性が高まります。１週間ごとや１カ月ごとなど、定期的に撮影し、経過を記録することで、その効果を確かめてください。

次のページには記録シートを掲載しています。日にち、体調、施術内容、気づいたことなどを記入し、「頭蓋骨ほぐし」の習慣化に役立てていただければと思います。

おこなう時間を決めておくのも習慣化するコツです。朝起きたとき、夜寝る前など、毎日のルーティンワークにしておくとよいと思います。

「頭蓋骨ほぐし」記録シート

日付、体調、おこなった内容、気づいたことなどを記録しておきます。

※必要分をコピーしてご利用ください。または内容を参考にしながらノートなどに記録してください。

						例	
						3/15	日付
						良い	体調
						○	基本STEP1
						○	基本STEP2
						○	基本STEP3
						○	仕上げ
						○	目元のシワ たるみ
						○	ほうれい線 頬のたるみ
							口角
							二重あご
							首のシワ
							髪結び
						肩がらくな気がする	気づいたこと

1日1分「頭蓋骨ほぐし」

基本STEP

基本STEPは３種＋仕上げのストレッチで構成しています。ゆがみを整え、筋肉をあるべき位置へ戻していきます。スキンケアの前におこなうと、肌の吸収力や保湿効果が高まります。呼吸と合わせて、ていねいにおこなうことがポイントです。

気をつけること（71ページ参照）

- 頭の血流がよくなりすぎないように注意

  ※頭がボーッとしてきたり、顔が火照ってきたら中止し、太ももを外側から内側に向かってたたいてほぐしましょう。

- 長時間続けておこなわない
- 片側ずつおこなう
- 力を入れすぎない
- 無理をせず体力に合わせておこなう

頭蓋骨のゆがみをチェック

加齢、姿勢、クセなどから頭蓋骨は知らず知らずのうちにゆがんでいます。当てはまるものにチェックをしてみましょう。

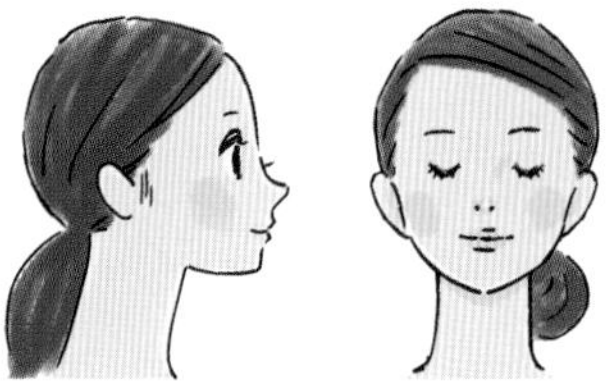

- □ 耳のまわりに縦ジワがある
- □ 頭のハチが出っ張っている
- □ 以前と比べて眉の間が広がってきたように感じる
- □ 以前と比べて目がくぼんだように感じる
- □ 食事のときいつも同じ側の歯で噛んでいる
- □ バッグはいつも同じ側の手で持っている
- □ 肩や首がこっている
- □ 姿勢が悪い

チェックが多いと頭蓋骨がゆがんでいる可能性が高くなります。毎日の「頭蓋骨ほぐし」と一緒に、姿勢や同じ側ばかりを使ってしまうクセなどは、改善していきましょう。

基本 STEP 1

耳の位置を正す

耳の位置が正しくなることで、顎関節のゆがみが解消。口の開閉がラクになります。

1

耳に親指を入れ、他の指を側頭部にあてる。

2

頭蓋骨ごと引き上げるように意識して、耳を持ち上げながら、鼻からゆっくりと息を吸う。

← 引っ張る方向
⟷ 伸びているところ

3

引き上げた状態で口から息を吐く。

❷・❸を3回くりかえす　★反対側も同様に

POINT

耳の下からあごにかけてのフェイスラインが伸びている感覚を確かめながら、耳を引き上げます。

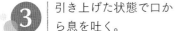

基本 STEP 2

血流をよくする

頭の付け根にある完骨のコリをほぐして、頭部の血流をアップ。目じりが上がる効果も。

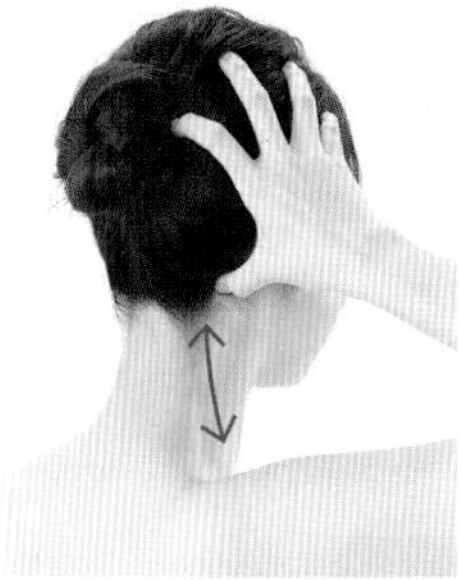

1

親指を完骨にあて、他の指を側頭部から後頭部にあてる。

2

完骨を押し上げながら頭皮を百会に向かって引き上げ、鼻からゆっくりと息を吸う。

← 引っ張る方向
⟷ 伸びているところ

3

引き上げた状態で口から息を吐く。

❷・❸を3回くりかえす　★反対側も同様に

POINT

首の後ろ側を伸ばすイメージで、完骨を押し上げます。

基本 STEP 3

頭のコリをほぐす

和髎《わりよう》を押圧して頭のコリをほぐします。眼精疲労やたるみにも効果があります。

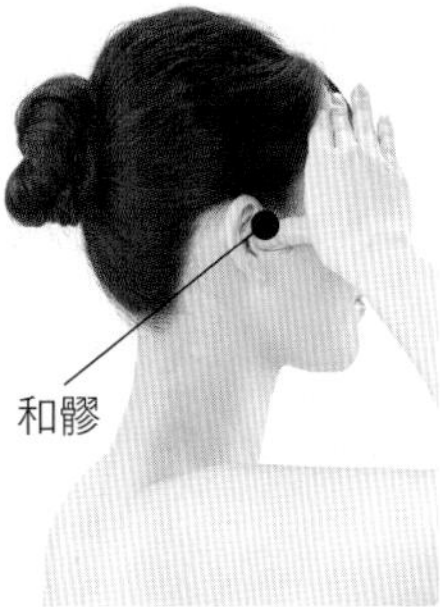

1 親指を和髎にあて、人差し指・中指をおでこの角にあてる。

2 和髎を押し上げながら頭皮を上に向かって引き上げ、鼻からゆっくりと息を吸う。

← 引っ張る方向
⟷ 伸びているところ

3 引き上げた状態で口から息を吐く。

❷・❸を3回くりかえす　★反対側も同様に

仕上げ

頭と首の位置を正す

基本ステップや悩み解消ストレッチの後に必ずおこなう仕上げ体操。首と頭の位置を整えます。

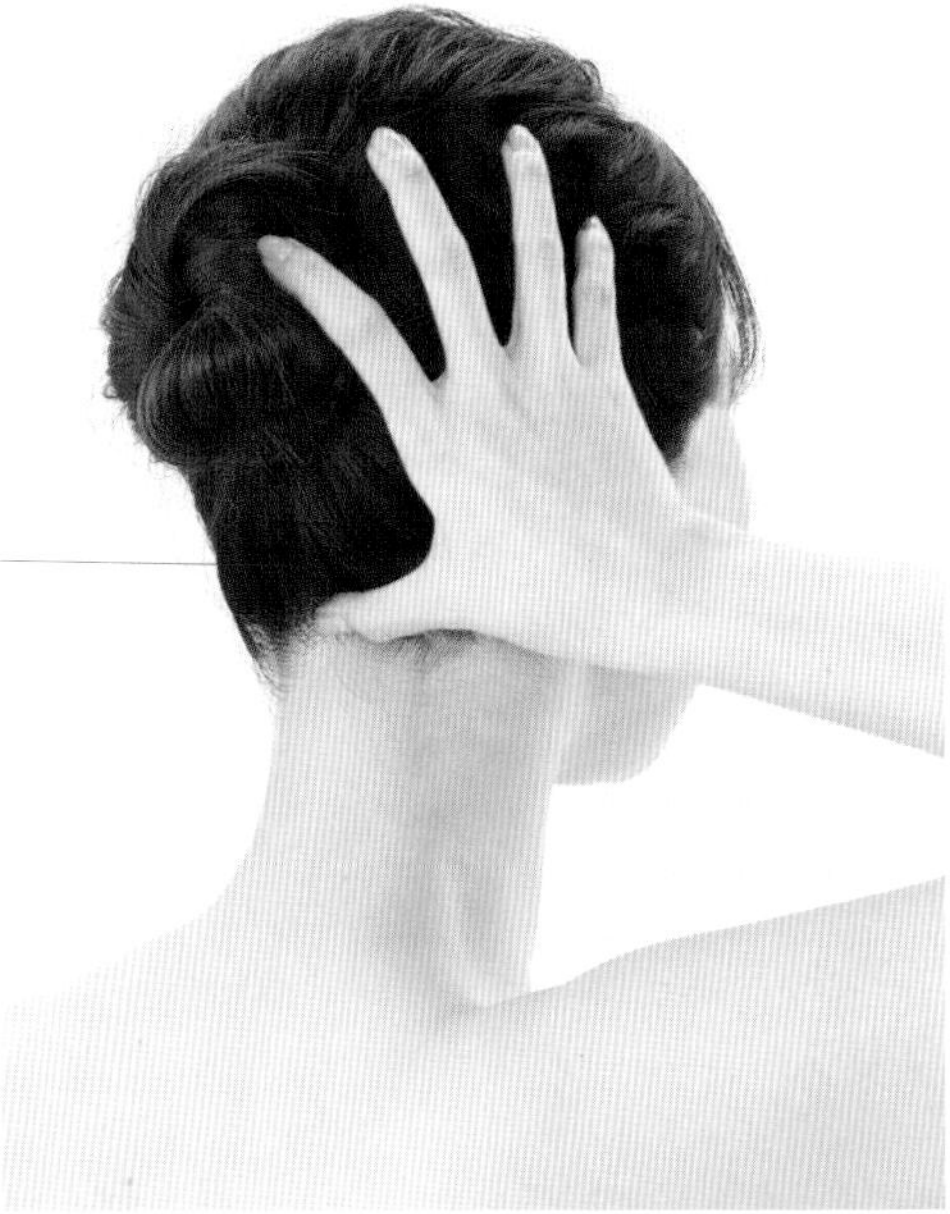

1

親指を盆の窪にあて、他の指を側頭部から後頭部にあてる。

POINT

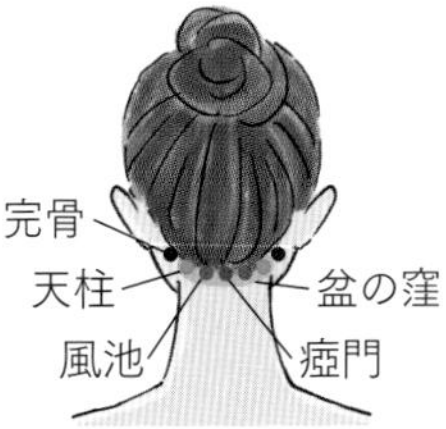

盆の窪とは、首の後ろの中央にあるくぼみで、瘂《あ》門《もん》・天柱・風池といったツボがあります。盆の窪を押圧することで首まわりのコリを解消し、血行をよくします。

2

盆の窪を押し上げながら頭皮を百会に向かって引き上げ、反対の手のひらをおでこの上にあて頭皮を鼻に向かって下げながら、鼻からゆっくりと息を吸う。

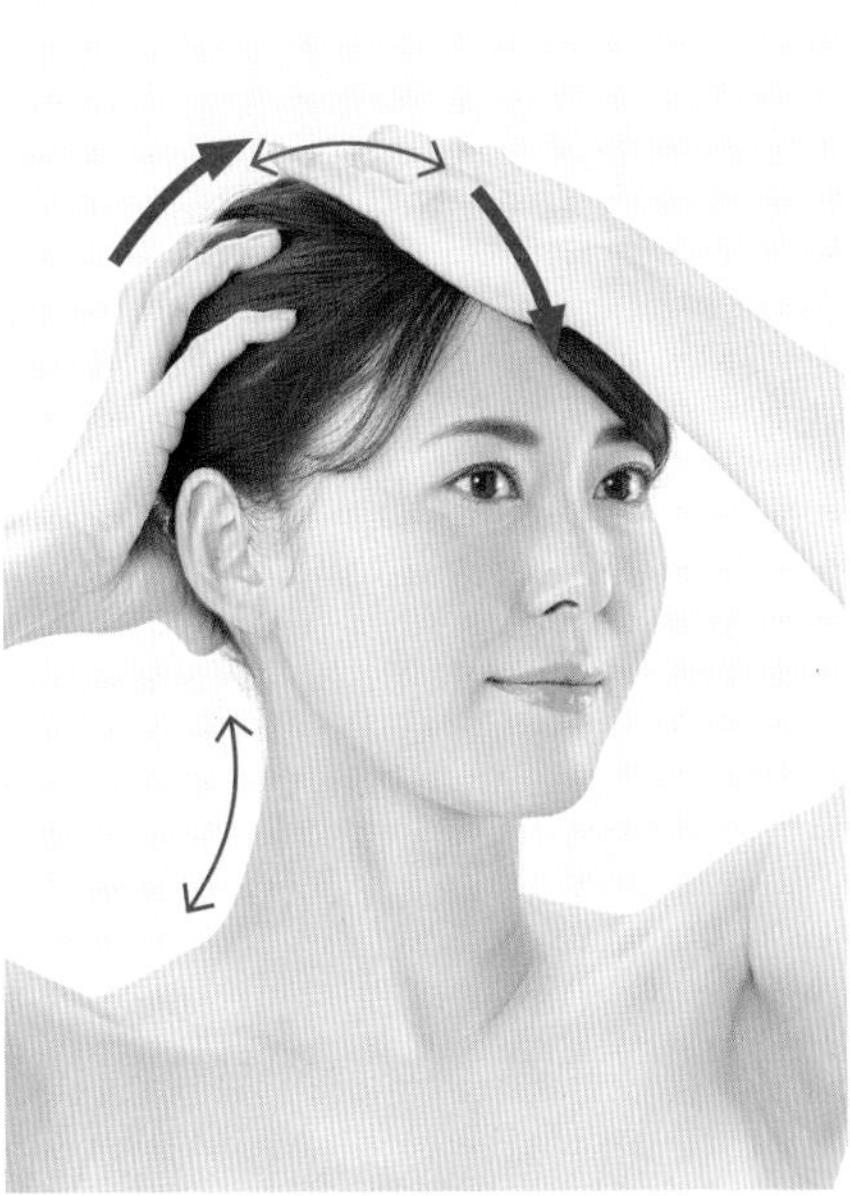

← 引っ張る方向
⟷ 伸びているところ

POINT

頭皮を後ろから前へ送り、おでこのあたりにある前頭筋を下げるイメージでおこないます。首と頭のズレを正し、ゆがみを解消します。

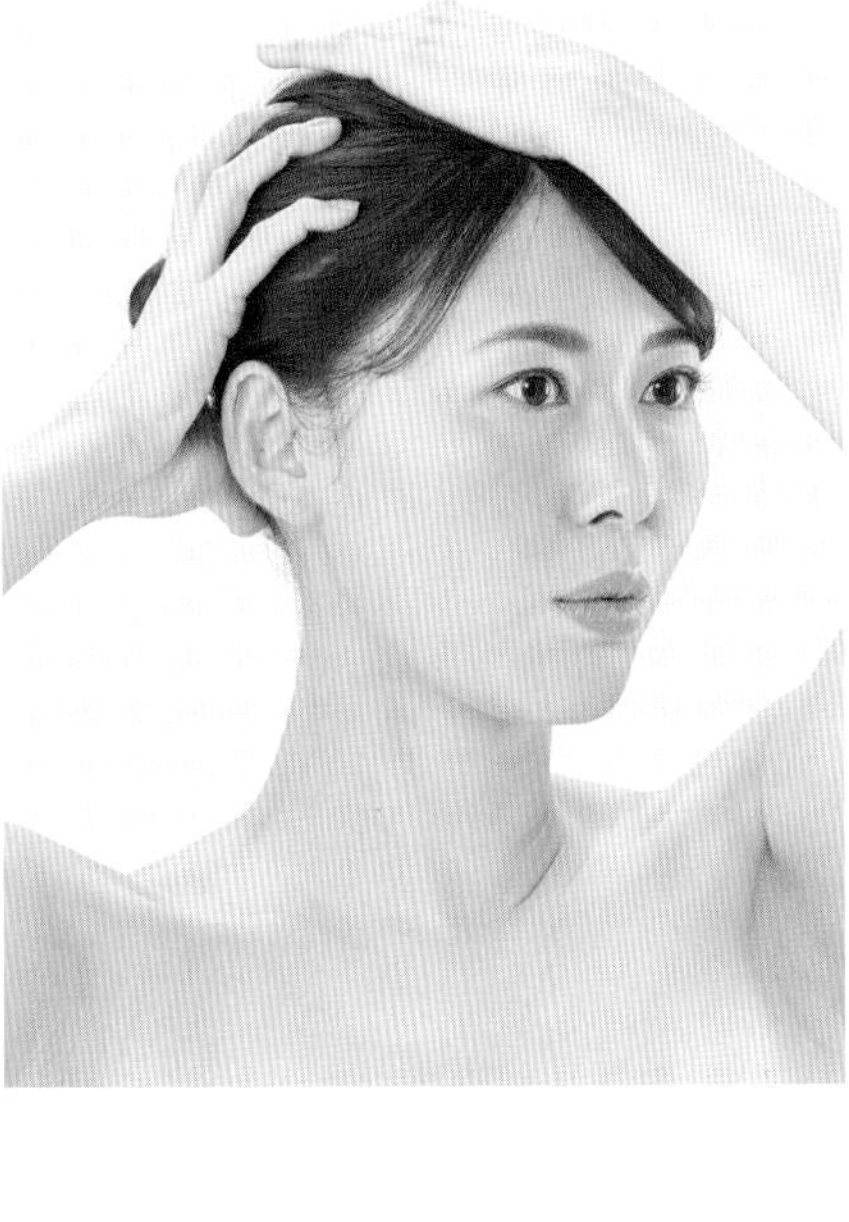

3

頭皮を下げた状態で口から息を吐く。

❷・❸を3回くりかえす
★左右の手を替えて同様に

1日1分「頭蓋骨ほぐし」

悩み解消

目元のシワ、ほうれい線や二重あごなど肌の悩みは尽きません。ここからは気になるパーツを重点的にストレッチしていきます。頭部をストレッチすることで、頬や口元まで引き上げられている感覚を確かめながらていねいにおこないましょう。

1回でも効果あり

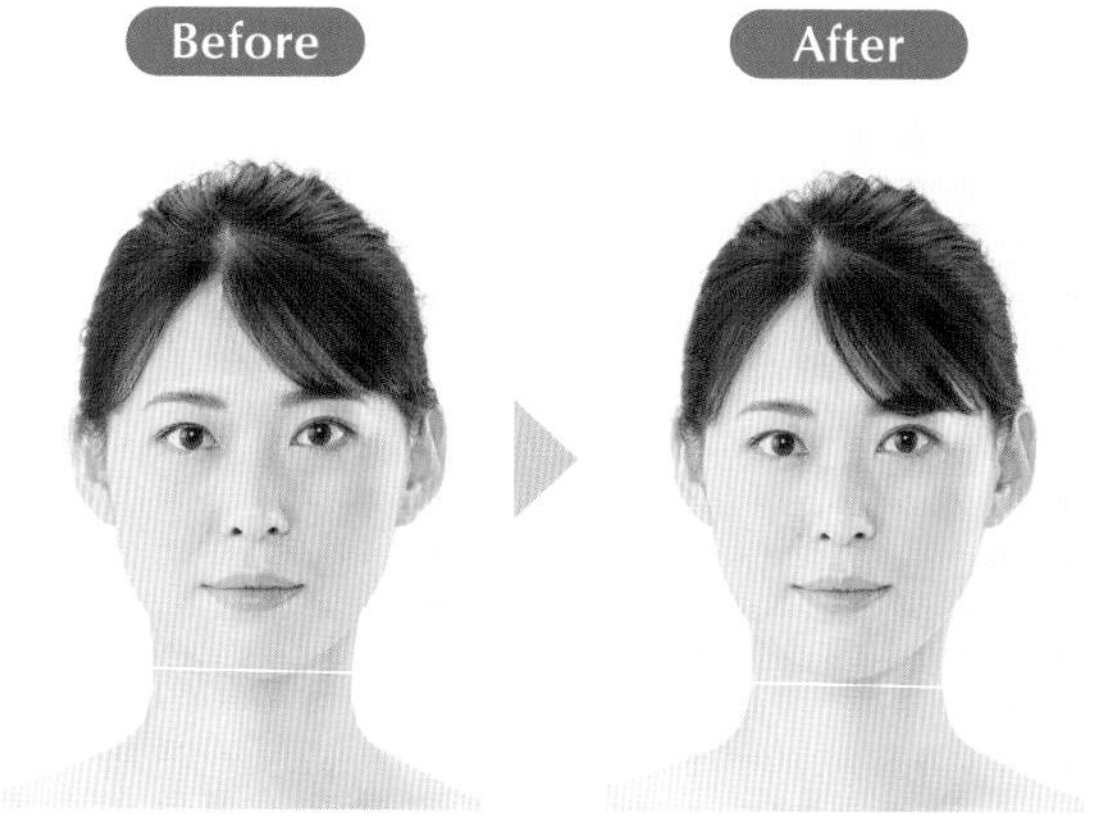

モデルの方にご協力いただき、「頭蓋骨ほぐし」前後の写真を撮らせていただきました。

頬がスッキリして輪郭がシャープになっているのがわかります。

悩み解消

目元のシワ・たるみ解消

胆経をほぐし、目のくぼみやたるみ、シワ、くまを解消します。眼精疲労やドライアイにも。

POINT

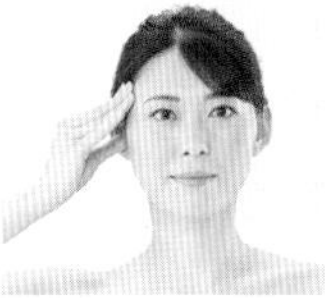

目じりから溝をなぞるように髪の生え際まで指をずらしていき、指の位置を確かめます。

1 こめかみのあたりに人差し指、中指、薬指をあて、親指を耳の穴へ入れる。

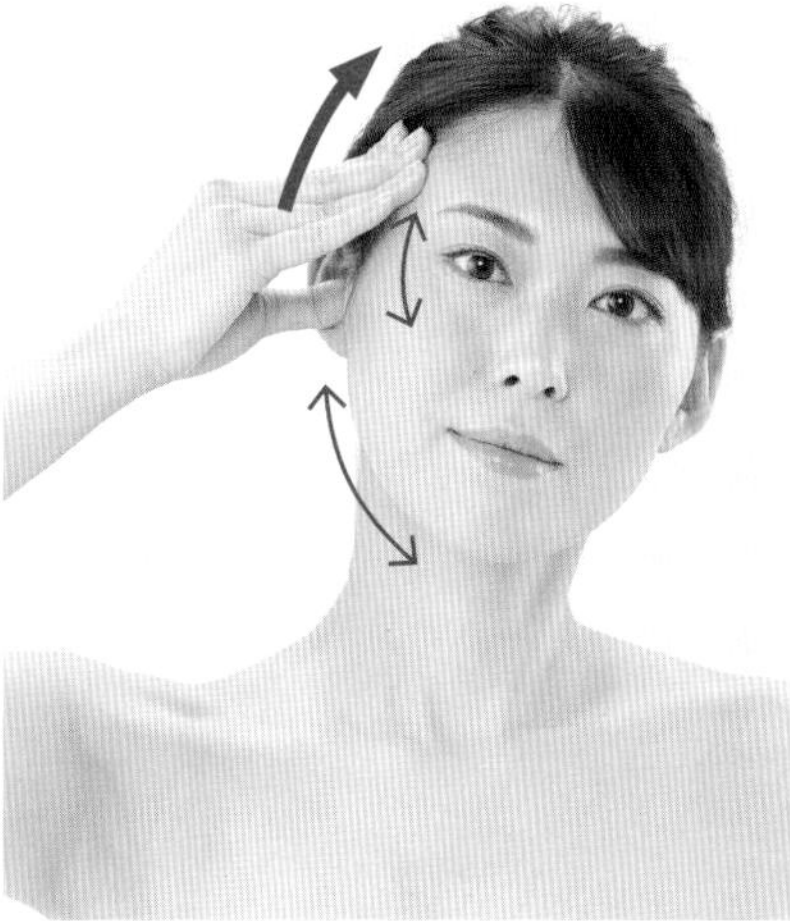

2 耳と一緒にこめかみ辺りを生え際にそって上へ引き上げ、首を伸ばしながら傾ける。鼻からゆっくりと息を吸う。

3 目を大きく開いて、口から息を吐く。

❷・❸を3回くりかえす　★反対側も同様に

⟵ 引っ張る方向
⟷ 伸びているところ

悩み解消

ほうれい線・頬のたるみ解消

ほうれい線、頬のたるみは側頭筋をしっかりほぐして引き上げていきます。

1

肘をついて指を側頭部にあて、鼻からゆっくり息を吸いながら頭皮を引き上げるように後ろにまわす。

まわす方向

2 側頭部を引き上げた状態で口から息を吐く。

POINT

頭の重さをしっかりと手にかけて、側頭筋をほぐしていきます。

❶・❷を3回くりかえす　★反対側も同様に

悩み解消

口角の下がり解消

口角の下がりは老け見えの原因のひとつ。前頭筋と側頭筋の境目あたりを引き上げて解消します。

1

こめかみあたりに手のひらをあて、頭頂部に向かって引き上げながら、鼻からゆっくりと息を吸う。

POINT

頭皮を引き上げても口角まで引き上がらなければ、顔層筋がこり固まっている証拠。毎日続けていくうちに、口角まで引き上がるようになります。

2

引き上げた状態で口から息を吐く。

POINT

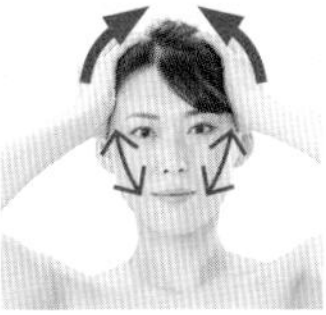

片手で口角まで引き上がるようになれば、両手で左右同時におこなってもOK。慣れるまでは片側ずつ、ていねいにおこないましょう。

❶・❷を3回くりかえす

★反対側も同様に

← 引っ張る方向

↔ 伸びているところ

悩み解消

二重あご解消

二重あごの解消は基本STEP1・2をおこなって頭部の状態を正してからおこないます。

1

耳に親指を入れ、他の指を側頭部にあてる。

2

頭蓋骨ごと引き上げるように意識して、耳を持ち上げながら、鼻からゆっくりと息を吸う。

← 引っ張る方向
↔ 伸びているところ

3

引き上げた状態で口から息を吐く。

❷・❸を3回くりかえす　★反対側も同様に

POINT

耳の下からあごにかけてのフェイスラインが伸びている感覚を確かめながら、耳を引き上げます。

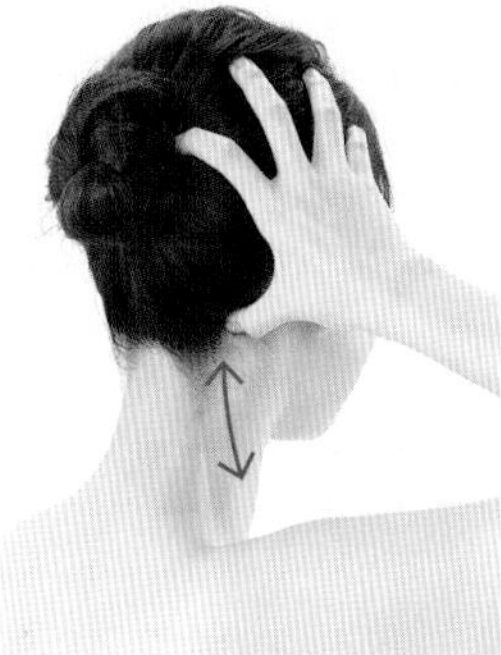

4 親指を完骨にあて、他の指を側頭部から後頭部にあてる。

5 完骨を押し上げながら頭皮を百会に向かって引き上げ、鼻からゆっくりと息を吸う。

← 引っ張る方向
⟷ 伸びているところ

6 引き上げた状態で口から息を吐く。

❺・❻を3回くりかえす　★反対側も同様に

POINT

首の後ろ側を伸ばすイメージで、完骨を押し上げます。

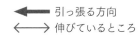

7

親指を完骨にあて、他の指を後頭部にあてる。

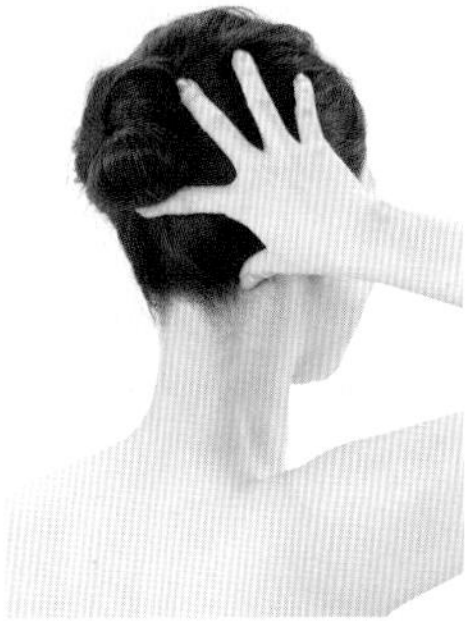

POINT

耳からあごにかけてのフェイスラインが引き上がっているのを意識しながら肘を開いていきます。

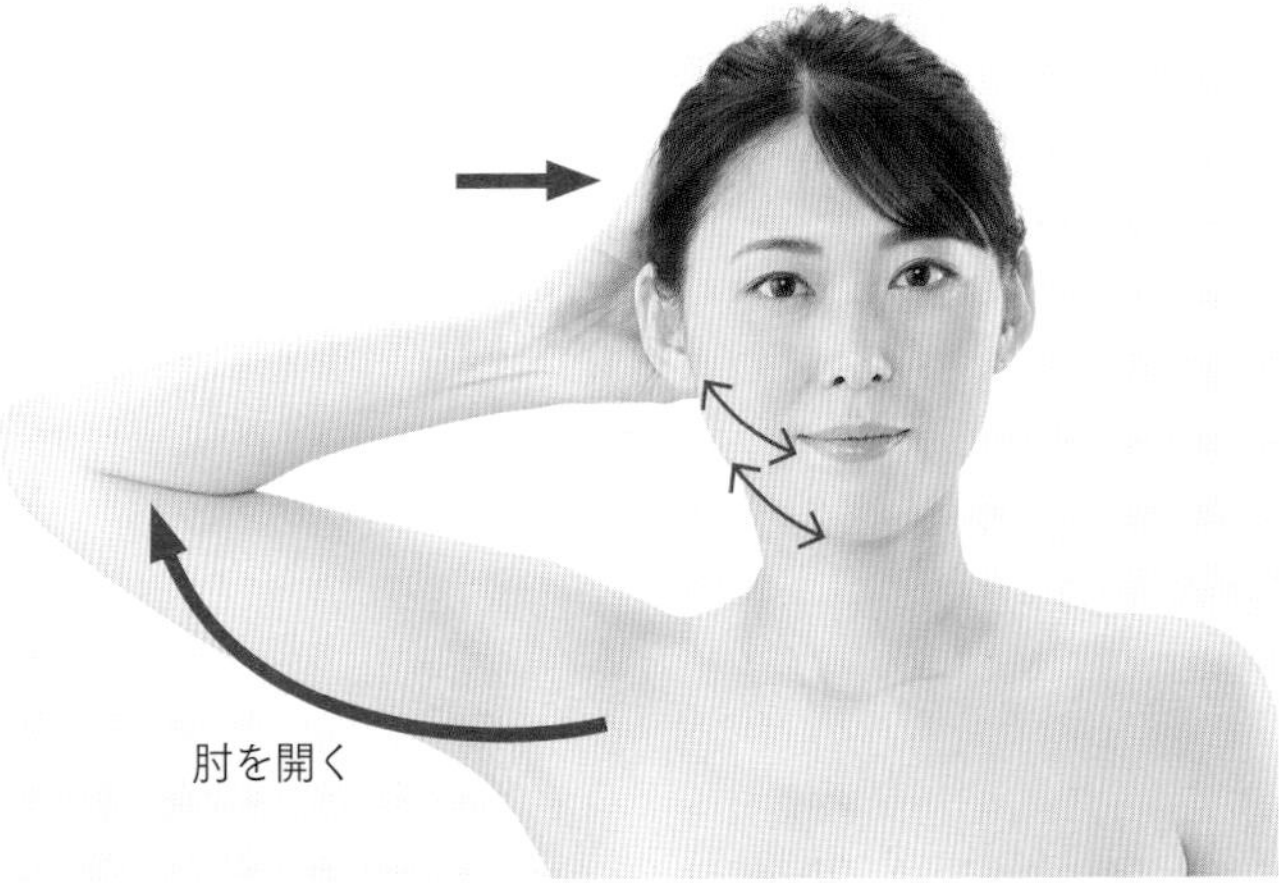

8

完骨を押さえて後ろへ引くように肘を開きながら、鼻からゆっくりと息を吸う。

← 引っ張る方向
⟷ 伸びているところ

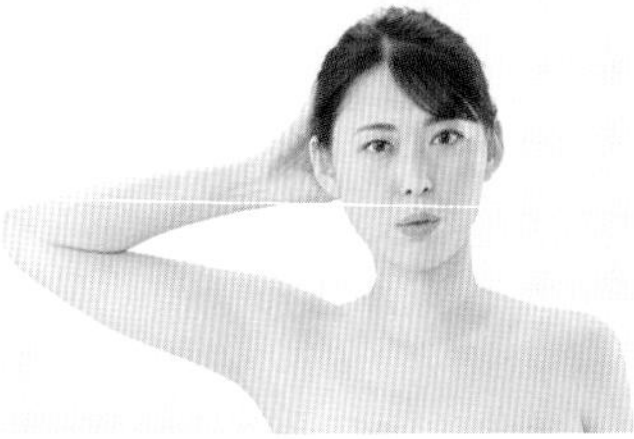

9

引いた状態で口から息を吐く。

❽・❾を3回くりかえす
★反対側も同様に

悩み解消

首のシワ解消

骨に癒着した筋肉をほぐして頸椎を伸ばすことでシワを解消します。肩こりや首こりにも効果的。

1

手のひらで首の付け根をつかみ引き上げながら、鼻からゆっくりと息を吸う。手をゆるめて口から息を吐く。

百労から天柱まで少しずつ移動しながらくりかえす
★反対側も同様に

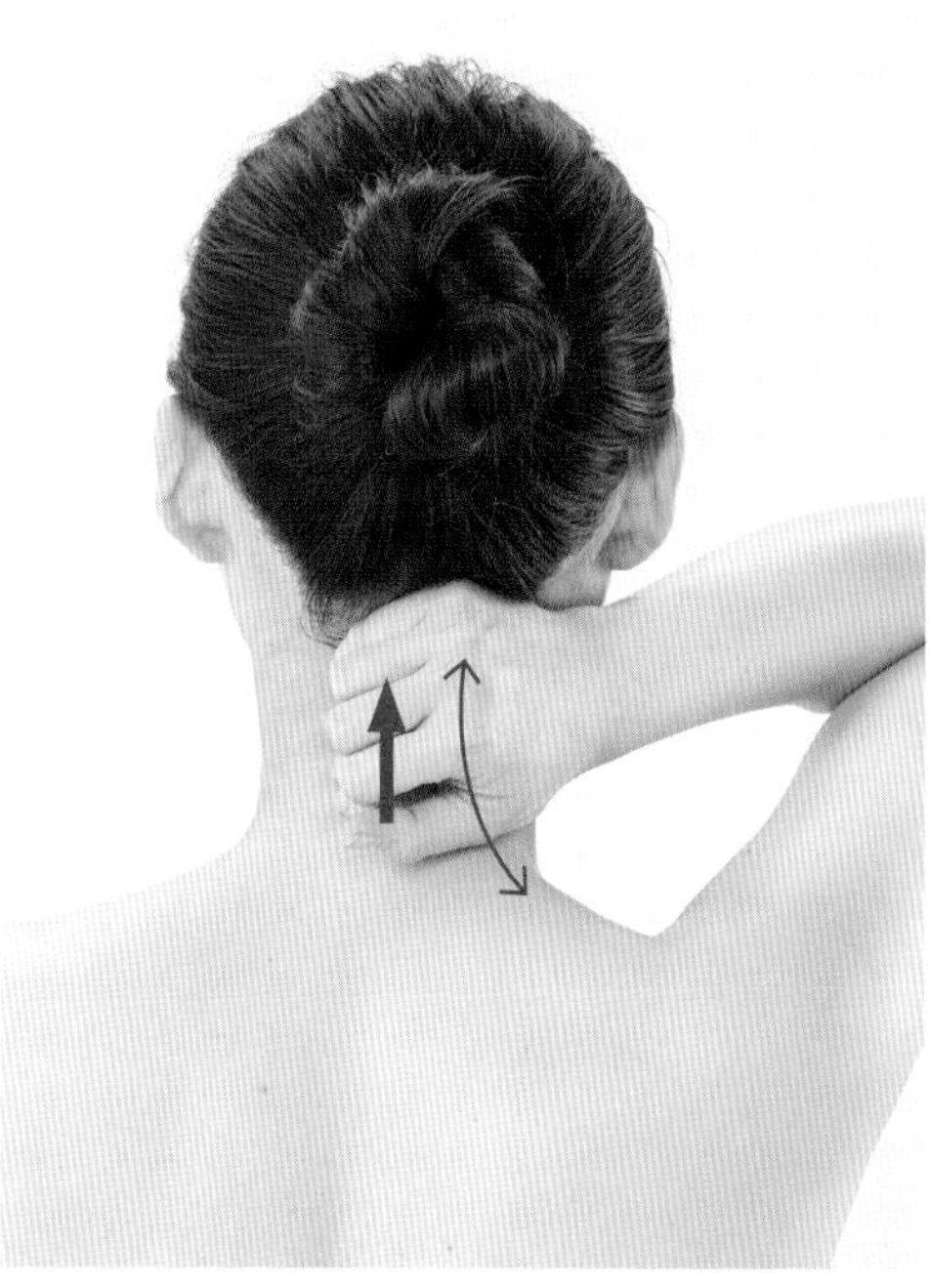

← 引っ張る方向
⟷ 伸びているところ

POINT

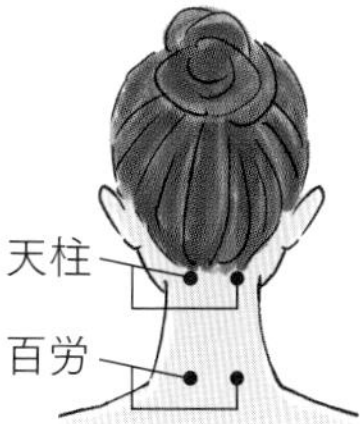

百労、天柱どちらも首こりや肩こりに効くツボです。頸椎をはさんで左右一対ずつあります。つかんで引き上げるときは頸椎一つひとつのゆがみを正すイメージでおこないましょう。

コラム

ずぼらさんには髪結び

たった1分、されど1分。毎日やろうと思っていても、つい忘れてしまいがちです。そんなずぼらさんには髪結びがおすすめ。髪を結んでおくだけで、ツボを刺激してコリをほぐすことができます。ヘアアレンジをするときに、ツボの位置を意識しながらまとめてみてはどうでしょうか。または家にいるときに結んでみてください。

頭頂部を結ぶ

頭頂部の百会のあたりを結ぶと、体の中心が整います。頭部への血流が促され、頭がスッキリとします。頭だけでなく顔、肌の細胞へも血液と一緒に栄養や酸素が送られるため、美肌効果も期待できます。

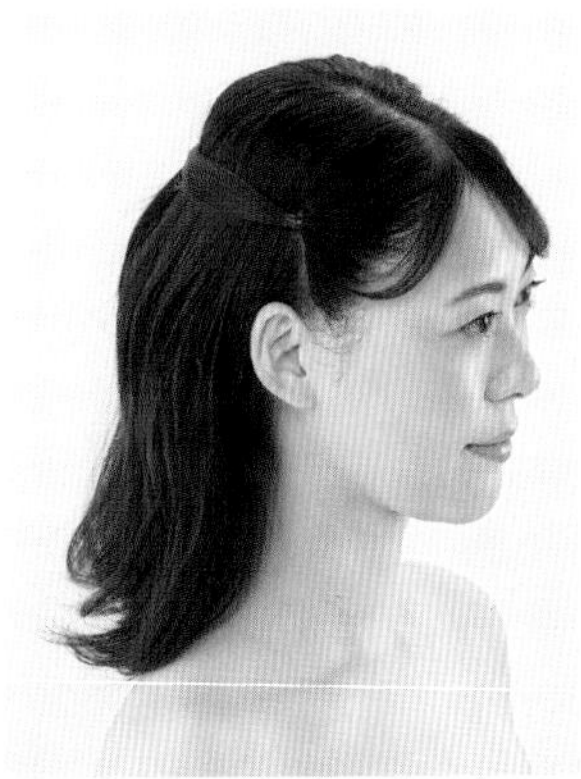

こめかみ部分を結んで後ろでまとめる

複数の経絡が通っているこめかみ部分を結んで引き上げ、さらに後ろでまとめます。フェイスラインがシャープになり、目のまわりや頬のたるみも解消されます。

第5章

「頭蓋骨ほぐし」で美肌・美顔から健康へ

頭蓋骨がほぐれると、脳もほぐれる?!

✦脳の血管に働きかける

ある研究で、「同じことをくりかえす作業は、最も脳を老化させ、不調にさせる」という報告がされました。刺激のない単調な動作や行動は、想像以上に私たちの脳を疲弊させるのです。

逆に言えば、脳は刺激を受ければ活性化するということでもあります。ほどよい刺激で血流が増せば、私たちの体のコントロールシステムである脳は、ストレスなく働いてくれるようになるといえます。

もちろん、頭蓋骨の中にまで手を入れて脳をマッサージすることはできませんが、「頭蓋骨ほぐし」をすると、経絡のとどこおりが解消し脳の血流が高まります。

脳にはとてもたくさんの血管が走っていて、血液によって絶え間なく酸素と栄養分が供給され、脳は休むことなく働き続けています。そして脳と脊髄からなる中枢神経系が免疫の力を働かせて、外敵から私たちの体を守ってくれるのです。

また、脳だけでなく、頭部と首にも大小さまざまな血管が何本もあり、こちらも脳と同じように血流が増し、全身をめぐりながら各所の調子を整えているのです。

✦自律神経も整える

なんとなく疲れやすかったり、イライラしたり、気分が不安定になったり……。病気とはいえないけれどなんだか体の調子が悪い。そんなときには自律神経が乱れているのかもしれません。

自律神経は、体の活動時に活発になる交感神経と、安静時に活発になる副交感神経からなっており、普段は2つが絶妙なバランスをとっています。このバランスが崩れると、心や体に不調を覚えることになるのです。

とくに女性の場合、更年期などでホルモンバランスが乱れて自律神経の不調を招きます。脳の中で、ホルモンの分泌と自律神経をコントロールする部位が近いために起こるとされています。

「頭蓋骨ほぐし」には、乱れた自律神経を整える働きもあります。とどこおることなく流れる経絡と、頭部に多い自律神経に作用するツボを刺激することで、気分が安定し、リラックスするのです。

ストレスによる緊張ですっかり硬くなってしまった筋肉のコリもやわらぎ、体と一緒に心のアンバランスさも解消されます。

✦心のコリもほぐれていく

ツボを刺激し、経絡に作用するマッサージをおこなうことで頭蓋骨をほぐし、ゆがみを整えていく。

しなやかな筋肉を取り戻し、本来の位置で、本来の働きができるようになる。

血行がよくなり、新陳代謝は高まり、老廃物はどんどん流れていくようになる。

しなやかさを取り戻した頭部の筋肉が頭蓋骨や表情筋、顔の皮膚をほどよい緊張感をもって引っ張り、つなぎ、シワやたるみを改善していく。

体の不調も解消していくかもしれません。

「頭蓋骨ほぐし」によって、さまざまな効果があらわれます。

そして間接的にも、たくさんのうれしい効果を実感することができるでしょう。

たとえば表情の輝き、日々の活動に対する軽やかな意欲、マッサージやストレッチにイキイキと取り組む姿……。それらは、気になっていた肌の悩みや顔の変化から解放されて、心のコリも取れた体がもたらすものといえますね。


これまでお話ししてきたように、歳をとったからもう無理、とあきらめるのではなく、歳をとったなりの方法で続けていく。できることを、できるときに、少しずつ。それは、体への負担を軽くするだけでなく、心が感じるストレスも緩和してくれるはずです。

心と体の健康にとって、そして美容にとっても大敵で、できるかぎり避けたいのがストレスや緊張といった負荷です。

無理せず、楽しく、細く長く続けることで、余計なストレスを感じることなく、健やかで美しい毎日につながっていけばと考えます。

健康に美しく生きていくために

✦普段の生活で気をつけたいこと

目尻のシワやほうれい線、フェイスラインのゆるみやたるみ……。加齢とともにどんどん気になっていくこれらの悩みは、頭蓋骨のゆがみが原因のひとつでした。

そして、ゆがんだ頭蓋骨を整えるには、しなやかさを失って硬くこり固まった頭の筋肉を生まれ変わらせることが必要で、そのために経絡に沿ったストレッチをおこなうということは、十分ご理解いただけたかと思います。

でも、お教えする方法だけでなく、あなた自身が普段の生活の中でできることもたくさんあります。

「頭蓋骨ほぐし」で改善した顔の調子を維持するために、また体や肌の不調を予防するために、少しだけ、日々の暮らしの中で気をつけてみてください。

◆姿勢をよくする

スマートフォンを見るときによくあるのが、あごを引き、少しうつむいて、首から上だけが前に突き出た姿。首のシワや二重あご、また首や肩のコリにもつながります。猫背や前傾姿勢も筋肉のコリや骨格のズレの原因になるので、正しい姿勢を保つよう気をつけたいものです。

◆重い荷物は左右バランスよく

いつも同じ側の肩や腕でバッグを持つクセがある人は、片側ばかりに偏らないよう、左右交互に持つなどを意識して。

また重い荷物を持つときは2つに分けて両手で持つなど、左右の筋肉のバランスが崩れないようにしましょう。

◆筋肉や骨をつくる食生活

筋肉を育てるにはタンパク質、骨をつくるにはカルシウムの摂取が重要です。タンパク質は、筋肉だけでなく血液や骨、皮膚や内臓の材料にもなり、私たちの体には不可欠な栄養素です。シニア世代になると不足しがちなので意識して摂るようにしたいものです。

また骨粗しょう症を防ぐためにも、カルシウムとビタミン類も忘れずに摂るようにしましょう。

◆十分な睡眠をとる

筋肉は眠っている間に、成長ホルモンによって修復されます。成長ホルモンは加齢とともに少なくなるものの、歳をとっても産生されるものなので、しっかりと睡眠をとって筋肉の力を取り戻すようにしましょう。

◆規則正しい生活

規則正しい生活は、健やかで美しい日々の基本です。食事や睡眠など生活のリズムが乱れると体に不調をきたしますし、肌のトラブルを引き起こすことも。肌の油分や水分のバランスの崩れがシワやくすみ、吹き出物などの原因にも。
また、肥満や生活習慣病の大きな要因でもありますね。

◆日光浴、適度な運動

ほどよく体を動かして血液の流れがよくなると、骨をつくる細胞の働きが活性化します。また筋力もアップします。

カルシウムの吸収に欠かせないのがビタミンDですが、食事から摂るより、紫外線を浴びることによって体内でつくられる量のほうが多いといわれています。ビタミンDが不足すると、シワやシミなど肌へのダメージが大きいとされます。

運動もかねて、お天気のよい日にはぜひ30分程度の散歩をおすすめします。

「美容」と「健康」はイコールの関係

✦健やかで美しい日々を、何歳になっても

私はこれまで、東洋医学を通して経絡と筋肉の関わりなどを見てきました。そうした中で近頃懸念しているのが、スマートフォンやタブレット端末の普及によって、液晶パネルのブルーライトを見つめる時間が増えてきたこと。仕事でパソコンを長時間使用する人でなくても、眼精疲労を訴える人が増えています。

また現代人の約8割に見られるとされるスマホ首＝ストレートネックも、スマートフォンやパソコンの長時間の使用に由来しますね。首が正常な位置よりも前に出てしまうスマホ首は、眼精疲労や、肩こりの原因になるだけでなく、自律神経やエイジングにもよくない影響を与えます。

眼精疲労は、単に目の疲れだけでなく、目の疲れが全身の症状となってあらわれ

ることを示しています。しかも、そのままにしておくとどんどん慢性化していくという、怖い面ももっています。

今は、便利なものが増え、正しい姿勢を保つのが難しい時代です。それは、便利さゆえに運動量が減り、自分でコントロールできない筋肉が増えているからです。加えて高齢になるほど、コントロールできないことが多くなっていきます。

でも、シミやシワ、皮膚のたるみなど、加齢による顔や肌の変化も、自分でコントロールできないことなのでしょうか。

筋肉は、使わないと神経がどんどん断裂して減っていってしまいます。極端なことを言えば、今まで１００本あった神経線維が１本になってしまうこともあります。

そうすると、同じ動作をするのに、若い頃と比べるとものすごく力がいるようになってしまいます。

若い方にとっては何でもないことでも、歳をとるとものすごく体力が必要になったりするわけですね。

けれど、経絡に作用するマッサージを続ければ、筋肉は再び、本来の力と働きを取り戻すことをお話ししましたね。コントロールできないと思われていたことも、無理せず、細く長く続けていけば、きちんと改善されていくということです。

それは、健康にとっても美容にとっても同じこと。経絡という全身を有機的につなぐネットワークを通じて、「気」と「血」と「水」のよい流れが全身をめぐれば、体全体の不調が改善されていきます。

健康で美しい暮らしは何歳からでもはじめられますし、何歳になっても楽しむことができるのです。

参考文献

『元気で長生きしたけりゃ　頭をもみなさい』松永みち子（実務教育出版）
『10秒で顔が引き上がる　奇跡の頭ほぐし』村木宏衣（主婦の友社）
『「腰と背中」が一生まがらない・ちぢまない！「寝たまま1分ストレッチ」』芦原紀昭（PHP研究所）
『丸い背中がピンと伸びる！一生歩ける「寝たまま筋トレ」』藤縄理（PHP研究所）

〈著者紹介〉
松永みち子（まつなが・みちこ）
鍼灸師、ヘッドセラピスト、ボディメイクセラピスト。東洋医学の考えをもとに「経絡を刺激してゆがみを治し、体を本来の一番美しい状態に戻す」という発想で、健康法を開発。感覚神経（五感）を通して脳を癒し、脳の疲労をとるセラピーや、ストレス解消・免疫力や新陳代謝を高めるヘッドマッサージをおこなう。自身も減量に成功した経験から「松永式健康痩身法」を考案。また、エステ施術者への指導、セラピストの育成もおこなっている。著書に『元気で長生きしたけりゃ　頭をもみなさい』（実務教育出版）、『髪しばり＆美顔マッサージ』（主婦と生活社）など多数。

編集協力　瀬川景子
本文イラスト　小関恵子
装幀デザイン　岡西幸平（カンカク）
本文デザイン・組版　朝日メディアインターナショナル株式会社
モデル　井上千嘉（SOSモデルエージェンシー）
撮影　神保周平（株式会社 七彩工房）
スタイリスト　岡本佳織（株式会社 七彩工房）
ヘアメイク　岸佳代子（MIX）

肌のカサつき・シワ・毛穴が消せる！1日1分「頭蓋骨ほぐし」

2021年3月11日　第1版第1刷発行

著　者　松永みち子
発行者　櫛原吉男
発行所　株式会社PHP研究所
京都本部　〒601-8411　京都市南区西九条北ノ内町11
〔内容のお問い合わせは〕教育出版部 ☎075-681-8732
〔購入のお問い合わせは〕普及グループ ☎075-681-8554
印刷所　株式会社光邦
製本所　東京美術紙工協業組合

ISBN978-4-569-84892-1